ELISA BONAPARTE

DU MÊME AUTEUR

———

HISTOIRE

Le général Fromentin et l'armée du Nord (1792-1794).
1 vol. in-8º. Paris, 1891. Dubois.

> (Ouvrage couronné par l'Académie des Sciences morales et
> politiques, en 1892, honoré de souscriptions des ministères de
> la Guerre et de l'Instruction publique.)

Le Royaume d'Étrurie (1801-1807). 1 vol. in-8º. Paris, 1896.
Ollendorff.

> (Couronné par l'Académie française, en 1897, honoré de
> souscriptions des ministères de l'Instruction publique et de la
> Guerre.)

Bonaparte et la République de Lucques. 1 vol. in-12. Paris,
1896. Champion.

> (Honoré d'une souscription du ministère de la Guerre.)

**Lettres de Madame de Laplace à Élisa Napoléon, prin-
cesse de Lucques et de Piombino.** 1 vol. in-8º. Paris, 1897.
Charles.

———

Elisa Bonaparte

d'après une miniature exécutée en 1810

Hélio & Dujardin

ÉLISA

BONAPARTE

PAR

Paul MARMOTTAN

PARIS

HONORÉ CHAMPION, ÉDITEUR

LIBRAIRIE SPÉCIALE POUR L'HISTOIRE DE FRANCE

9, QUAI VOLTAIRE, 9

1898

ÉLISA BONAPARTE

AVERTISSEMENT

Ce livre a trait tout entier à la jeunesse d'Elisa Bonaparte. Il raconte sa naissance et son éducation, puis (quand l'astre de son frère Napoléon commence à briller), son mariage, l'origine des Baciocchi et leurs titres de famille. Il suit aussi pas à pas la vie singulièrement mouvementée d'Élisa dans les quatre années du Consulat.

Nous étudierons un peu plus tard le rôle

d'Élisa sous l'Empire, l'histoire de ses principautés de Lucques et de Piombino, enfin sa demi-souveraineté à Florence quand elle reçut le titre et les prérogatives de grande-duchesse de Toscane.

LIVRE PREMIER

(1777 A JUIN 1798)

JEUNESSE ET MARIAGE

CHAPITRE PREMIER

Marie-Anne Bonaparte, fille aînée de Charles de Buonaparte, née le 3 janvier 1777, est admise à Saint-Cyr en 1782. — Elle y reste de 1784 jusqu'à la suppression de cette maison royale (août 1792). — Élisa ramenée à Ajaccio par son frère Napoléon (septembre 1792). — La Corse aux Anglais. — Fuite des Bonaparte d'Ajaccio. — Leur arrivée et leur séjour à Marseille (1794 à 1796). — Lettre d'Élisa au représentant Chiappe en faveur de son frère Lucien incarcéré (1795). — Retour de la famille en Corse (1796).

Les Bonaparte appartiennent à une famille patricienne, d'origine italique, fixée en Corse depuis la première moitié du xvi° siècle[1]. Leur noblesse indiscutable, attestée par des parchemins de sources diverses, fut reconnue par le

[1]. Ce fut en 1529 que le premier Bonaparte, de la branche de Sarzane, François, qualifié *homme de guerre*, vint s'établir dans l'île.

1.

Conseil supérieur siégeant à Bastia au nom du roi, lors de la conquête française. C'est ainsi que Charles Bonaparte, père de Napoléon, admis en 1781, au nombre des *douze gentilshommes* de son pays[1], représenta plus d'une fois la nation entière. Il avait été, notamment en janvier 1777, élu premier député de l'assemblée générale de la noblesse auprès de S. M. Louis XVI. En 1779, il reçut des lettres confirmant ses titres, ce qui permit à Napoléon d'obtenir une bourse d'élève à l'École royale et militaire de Brienne, d'où il passa dans celle de Paris, avant d'en sortir lieutenant d'artillerie en 1786.

Depuis la réunion de l'île de Corse à la France (1768) le gouvernement s'était efforcé d'attacher ces nouveaux compatriotes à la métropole et Louis XVI, dès son avènement, avait renouvelé une ordonnance de son aïeul pour l'admission dans les collèges Mazarin et de la

---

1. Ses armoiries de famille figurant sur un écusson de marbre au-dessus de l'entrée principale de sa maison (selon l'ancienne coutume italienne) portaient *de gueules à trois cotices d'argent accompagnées de deux étoiles à six raies de même.*

Flèche, au séminaire d'Aix et à la maison de
Saint-Cyr « des enfants des familles nobles de
Corse tombées dans le besoin ». De ce nombre
étaient les Bonaparte « réduits à l'indigence,
dit une pétition du chef de cette famille, Charles de Buonaparte, par l'entreprise du dessé-
chement de salines et l'injustice des Jésuites
qui lui enlevaient une succession à lui dé-
volue[1] ».

Avant cette double catastrophe, il faut dire
que la fortune patrimoniale des Bonaparte,
si même on peut lui donner ce nom, ne comptait guère : 1,000 à 1,500 francs de revenu tout
au plus, provenant d'un petit domaine que
Charles faisait valoir[2], maigre ressource, — il
est vrai un peu augmentée à défaut de numéraire suffisant, par le produit des biens en
nature, fruits, victuailles et moutons, — mais
que l'amélioration de la position de Charles
par le mariage et la dot de sa femme[3], ne pu-

1. Lavallée. *Histoire de Saint-Cyr.*
2. Pelet (de la Lozère). *Opinions de Napoléon.* Paris,
Firmin-Didot, 19, 1833.
3. M. Fr. Masson. *Napoléon et sa famille*, I, 6, fixe
même le capital du ménage à 14,000 livres environ dès

rent relativement pas modifier, car de nombreux enfants amenèrent de nouveaux besoins. En effet, les quelques biens que Charles tenait de son père étaient hypothéqués; en outre, il avait été frustré des autres — ceux de son oncle maternel mort sans enfants — par les Jésuites, comme il vient d'être dit, malgré les clauses contraires formellement édictées et acceptées, au su de son père, par son oncle et ses héritiers. Les frais qu'entraînèrent le procès et les démarches qu'il dut faire à Rome, à Paris et auprès du Conseil de Corse, pour essayer de rentrer dans ses droits contre ces religieux indûment bénéficiaires, avaient augmenté sa gêne. Dès juin 1776, cette gêne est officiellement constatée, et il vit principalement de ses maigres appointements d'assesseur[1].

Par bonheur M. de Marbeuf, gouverneur général pour le roi de l'île de Corse, prit en affection Charles Bonaparte, et pour ses dons personnels et parce qu'il était un des premiers

les débuts du mariage, chiffre qui correspondrait seulement au revenu ci-dessus indiqué.

1. Voyez le certificat publié par Masson. *Napoléon inconnu*, II, 517 (Ollendorff, 1895.)

notables qui s'étaient déclarés partisans de la
France contre Paoli. Il devint son protecteur.
Grâce à ses conseils et à son appui, les de-
mandes que Charles adressa au roi, accompagnées des pièces nécessaires, c'est-à-dire d'un
certificat de l'évêque attestant l'état de pau-
vreté de la famille et des actes témoignant de
cent quarante années de noblesse, furent
agréées.

En vertu donc de la qualité reconnue aux
siens, Marie-Anne Bonaparte, née à Ajaccio
le 3 janvier 1777, quatrième enfant de Charles
et de Lætitia[1], eut l'honneur d'être nommée
par le roi de France élève au couvent de Saint-
Cyr, fondé par Louis XIV, pour l'éducation
des demoiselles. Faveur très regardée alors et
accessible à celles-là seules dont l'Armorial
enregistrait quatre quartiers authentiques du
côté paternel[2]. Plusieurs jeunes filles corses,
de haute naissance, une Casabianca, une Va-
rèze (de Bastia), une Cattaneo[3], une de Morlax,

1. Pièce justificative, n° I, acte de baptème.
2. Pièce justificative, n° II, brevet d'admission.
3. Catherine Cattaneo, d'une famille originaire de
Calvi et liée avec celle des Bonaparte, épousa, vers 1805,

arrivaient à Saint-Cyr dans le même temps, et y furent camarades de Marie-Anne.

Ainsi entrèrent à Brienne, puis à Paris, puis à Saint-Cyr, à côté des rejetons de la plus ancienne noblesse de France, le fils et la fille de cet humble gentilhomme corse, ruiné, chargé d'enfants, réduit aux suppliques et aux démarches. Qui se fût douté alors que *Napoleone* ce cadet, pâle, hâve, mal vêtu, méditatif, commençait la plus étonnante carrière de l'Histoire, et qu'il serait appelé un jour à supplanter sur le trône, à force de génie et d'audace, la famille de l'infortuné et débonnaire Louis XVI, qui faisait à son père (depuis bien peu de temps *Français*) l'aumône de deux bourses dans ses maisons royales! Qui eût pu prévoir, sans

M. Dominique Speroni, noble génois, mais né en Corse, dont les ancêtres avaient commandé dans l'île au nom de Gênes. (D'après une lettre de Catherine Cattaneo à la princesse, datée de Calvi, 3 novembre 1806, *Arch. Lucq. Lettere private ai Principi*, registre 199.) Bonaparte, qui signale la présence du père de cette jeune fille à Paris, en 1792, parle de celui-ci en assez vilains termes, dans sa lettre du 22 juin 1792. (*Revue de Paris*, mars 1895.)

passer pour fou, que cet écolier à peine regardé
devait, quelques années plus tard, ravir le
sceptre à l'antique et illustre race de Bourbon,
en France, en Italie et en Espagne, et que sa
sœur, la chétive jeune fille à peine parlant
français au sortir de l'île natale, occuperait à
son tour, et en vertu toujours de ses succès
inouïs, les palais et le rang d'une princesse du
même sang royal! — Ceci n'est pourtant pas
un songe des Mille et une Nuits, mais la réalité.

Les premières années de Marie-Anne s'étaient
écoulées à Ajaccio, dans la maison paternelle.
Elles ressemblent à celles de tous les enfants et
n'offrent rien de particulier. Avant son départ
pour la France, elle était trop peu formée pour
qu'on pût remarquer encore ses qualités naissantes; elle se montrait seulement vive et en-
jouée et partageait les récréations de ses frères [1].

A son retour, au contraire, alors âgée de
quinze ans révolus, elle apparut sérieuse et
appliquée au travail, d'une intelligence assez

1. Bégin. *Histoire de Napoléon*, I, 124.

éveillée vers les sujets nouveaux, et stylée avec quelque affectation, début d'habitudes de fierté, voire même d'aigreur qu'elle venait de contracter à Saint-Cyr, au milieu d'un personnel et de compagnes imbues de la morgue de l'ancienne noblesse [1]. Les orages de la Révolution ayant atteint particulièrement sa famille et elle-même, corrigèrent bientôt cette grave imperfection, mais elle ne put jamais s'en détacher complètement, surtout avec la prospérité qui, il est vrai, dépassera pour tous les siens la mesure ordinaire. Quoi qu'il en soit, dès cette époque, octobre 1792, commença entre Lucien et elle l'étroite amitié dont témoigne une correspondance de toute la vie.

1. Voyez Iung. *Mémoires de Lucien Bonaparte*, I, 65 et 66, plusieurs détails sur le caractère d'Elisa en 1793; *Mémorial de Sainte-Hélène*, II, p. 468, 69, inséré dans l'édition de la correspondance de Napoléon, enfin lettre de Lucien à Joseph, du 24 juin 1796, datée d'Ucciani. (*Revue de Paris* du 15 mars 1895.) Toutefois si nous en croyons le témoignage d'une de ses anciennes compagnes de Saint-Cyr, Mlle Gabrielle Delabarre Royer, dont une lettre demandant un service vers 1806 et par conséquent flatteuse existe aux Archives de Lucques (Corresp. privée des Princes, vol. 198), Elisa aurait montré au pensionnat un assez bon caractère et de l'amabilité.

Leurs idées sociales d'alors sont, il est vrai, différentes : Lucien affiche de ce côté un tempérament singulièrement précoce et émancipé avec l'amour des libertaires à outrance. Par contre, Marie-Anne, plus guindée, plus ancien régime, a les manières et les goûts d'une aristocrate ; mais à ce frère, qui déjà a tant de ressemblance physique avec elle, elle est reconnaissante pour maints soins attentifs auxquels ni Joseph, ni Napoléon, ou généralement absents, ou plus tournés vers des frivolités enfantines qu'elle ne goûte pas, ne l'ont point habituée. Et puis, comme elle est déjà une intellectuelle *en herbe*, elle s'éprend des effets de rhétorique auxquels Lucien s'exerce, à ses côtés, dans la maison, en attendant de monter à la tribune des clubs. De cette époque datent leurs juvéniles sympathies et leurs affinités [1].

D'où lui vient le prénom d'Elisa qui ne figure pas sur son acte de naissance ni sur les pièces officielles relatives à son entrée à Saint-

1. Lire à ce propos un développement très pénétrant de Fr. Masson. *Napoléon et sa famille*, I, 62, 63.

Cyr? — C'est un point très difficile à établir, sinon même insoluble. On a prétendu, et assez récemment encore, le baron Larrey, auteur d'un ouvrage très consciencieux sur Mme Lætitia, que Marie-Anne reçut ce nom d'Elisa « en mémoire d'une sœur décédée, baptisée avec Napoléon et morte peu de jours après [1] ». L'explication nous semble erronée, car l'acte de naissance de cette sœur, née en 1770 et décédée à l'âge de six mois en 1771, atteste qu'elle portait rigoureusement les mêmes prénoms que la future princesse de Lucques : « ceux de Marie-Anne [2] ». Nous préférons adopter, en thèse générale, l'opinion suivante : en 1789, comme nous l'apprend le baron Larrey, les registres de l'état civil d'Ajaccio, qui étaient déjà mal tenus avant cette époque, furent détruits par un incendie « et rétablis ensuite sans garantie ».

Il y a dans ceux-ci, pour la seule famille Bonaparte, nombre d'autres erreurs du même

1. *Madame Mère*, I, 94 (Dentu).

2. M. Fr. Masson affirme que Mme Bonaparte eut même deux filles, mortes toutes deux en bas âge entre 1767 et 1776, qui portèrent exactement les prénoms de Maria-Anna, avant la naissance d'Elisa. (*Napoléon inconnu*, I, 22, note 4.)

genre, et souvent elles ne laissent pas d'embarrasser. Paola Maria, à sa naissance, est devenue Pauline plus tard ; Maria Nunziata s'est
transformée en Caroline ; quant aux erreurs de
date, elles existent aussi, notamment pour la
fixation de la naissance de Mme Lætitia. Ajoutons que les trois filles de Mme Lætitia avaient
toutes reçu de leur mère pour premier prénom
celui de Marie, en conformité du vœu de reconnaissance envers la Vierge, qu'avait formé
Mme Bonaparte [1], à la suite de l'heureux accouchement du 15 août 1769, jour de l'Assomp-
tion ; que les deux aînées s'appelaient ensuite
Anne et Annonciade, appellations peu agréables
ou démodées à tort ou à raison, et qu'en conséquence l'usage s'établit au sein de la famille
— sur l'initiative présumée de Lucien « qui
avait la manie de baptiser les femmes à sa
guise [2] » — de désigner l'une sous le vocable
d'Elisa, l'autre sous celui de Caroline, vocables
conservés par la suite et définitifs. Quoi qu'il en
soit de cette induction, Marie-Anne prendra

1. Perrault Maynand. *Histoire et généalogie de la famille Bonaparte*, 1 vol. in-8, 1855, p. 85.
2. Masson. *Nap. et sa famille*, I, 178.

désormais le nom d'Elisa dès son départ de Saint-Cyr[1].

Bien que son brevet de nomination remontât au 24 novembre 1782, Marie-Anne de Buonaparte n'était entrée comme élève dans ladite maison de Saint-Louis que deux ans plus tard[2]. Ce délai vient fort à propos : il donne le temps à son père, toujours très nécessiteux et gêné, de faire les fonds pour le voyage, ce qui ne laisse pas d'être commode. Enfin, peut-être grâce à son crédit auprès du gouverneur ou à l'offre comme garantie de l'argenterie de sa femme, il trouve 25 louis, du commandant d'Ajaccio[3]. Ainsi muni, Charles Bonaparte et sa fille aînée, accompagnés de deux demoiselles, dont l'une était Mlle Cattaneo, également future pensionnaire de Saint-Cyr, s'embarquent en

1. Les almanachs de l'empire lui conservent le nom de Marie-Anne, bien que dans l'usage ce nom ne fut plus appliqué. — Suivant Du Casse (*Supplément à la correspondance de Napoléon Ier*, 1 vol. in-12. Dentu, page 50, note), la substitution du prénom aurait été adoptée à Saint-Cyr, pour aider à distinguer le jeune Bonaparte d'une de ses compagnes, corse aussi, Mariana de Casabianca.

2. Pièce justificative, n° III.

3. *Napoléon et sa famille* (*opus cit.*), I, 31 et 32.

juin 1784 pour Marseille. Ils arrivent le 21 à Autun ; Lucien étudiait au petit séminaire de cette ville, et son père le retirant de cet établissement se rendit à Brienne, où il le laissa près de Napoléon, puis à Paris avec sa fille. On était à la fin de juin 1784 ; Marianne entra donc à Saint-Cyr à cette époque ; elle s'y trouvait encore le 1er septembre 1792 (an IV de la Liberté et Ier de l'Égalité). Son frère Napoléon, officier capitaine, lui servit de tuteur après la mort de son père, Charles Bonaparte, survenue à Montpellier en 1785. On avait bien désigné pour le remplacer cette même année Luciano de Bonaparte, écuyer, oncle paternel, mais outre qu'il décéda peu après, il ne put remplir sa mission par suite de l'éloignement et des difficultés de communication.

Ainsi Marie-Anne Elisa placée à Saint-Cyr dès l'âge de sept ans et demi, y demeura huit années et en sortit à l'âge de quinze ans révolus. Il fallait, d'après les règlements, avoir au moins sept ans pour être admise. Outre les premiers éléments de la grammaire, le catéchisme et les notions d'histoire sainte, les jeunes filles, entre onze et quatorze ans, étudiaient aussi la

musique, l'histoire, la géographie et la mytho-
logie.

Du temps de son séjour à Saint-Cyr, on a de
Marianna, la lettre suivante à Mme Lætitia, écrite
en 1786 — elle avait alors à peine dix ans. —
Son ton un peu guindé montrera quel exercice
les maîtresses tiraient pour leurs élèves de la
correspondance avec les parents. C'est d'ailleurs
la première lettre connue d'Élisa.

« Ma chère Maman,

« Je suis très inquiète de votre santé, car il
y a bien longtemps que je n'ai reçu de vos nouvelles. J'ai eu cependant l'honneur de vous
écrire, mais je n'ai pas eu la satisfaction de recevoir une réponse. Vous savez que je vous
aime de tout mon cœur. Je vous supplie donc
d'avoir la bonté de me donner bientôt de vos
nouvelles. Il ne manque que cela à mon bonheur. Je me plais toujours bien à Saint-Cyr et
me porte à merveille. Mes maîtresses ont mille
bontés pour moi. Je tâcherai d'y répondre par
ma bonne conduite. Oserais-je vous supplier
de présenter mes respects à mes oncles et

tantes? Ma cousine de Casabianca serait bien
fâchée que je finisse ma lettre sans la renouveler dans votre souvenir. Je l'aime de tout
mon cœur. Soyez persuadée des tendres sentiments avec lesquels j'ai l'honneur d'être, ma
chère maman, votre très-humble et très-obéis-
sante fille et servante.

« BUONAPARTE. »

« Je viens de recevoir votre lettre qui m'a
fait un grand plaisir. J'ai eu l'honneur de vous
écrire plusieurs fois. Je suis bien (fâchée) que
mes lettres ne vous soient point parvenues.

« Je vous supplie de vouloir bien me mar-
quer, dans votre réponse, si j'ai reçu le sacrement de confirmation [1]. »

Au nom de sa mère, Joseph, l'aîné de la
jeune famille, répondait le 29 mai 1786 :

« Je profite de l'occasion que m'offre Mme de

[1]. Cette lettre, comme la suivante, a été publiée par
M. Fr. Masson, en 1895. *Nap. inc.*, I, 126. La première
porte le timbre de Versailles et ceci : à M. de Buonaparte à Ajaccio, en Corse.

Petity, veuve de M. de Petity, lieutenant du roi et commandant de la place d'Ajaccio, pour vous donner des nouvelles de la famille, lesquelles sont aussi bonnes que vous pouvez le désirer. Nous avons reçu votre lettre et nous avons appris avec beaucoup de plaisir que vous continuez à vous plaire à Saint-Cyr.

« Portez-vous toujours bien et surtout faites vos efforts pour contenter les dames qui ont tant de bontés pour vous. Ce n'est que par votre attention à remplir tous vos devoirs que vous pouvez en mériter la continuation. Soyez toujours bonne amie avec vos cousines, Mlles Colonna et de Casabianca, dont les parents sont en bonne santé. Votre oncle l'archidiacre, toujours tourmenté de sa goutte, se recommande à vos prières et maman ne cesse de mettre devant vos yeux vos devoirs de religion et l'exactitude que vous devez montrer à remplir les obligations de votre état.

« Je suis avec tout l'attachement possible, ma chère sœur, votre frère aîné.

« DE BUONAPARTE.

« Ajaccio, 29 mai 1786. »

Dans ses années d'internat, Élise ne vit presque jamais de parents la visiter, car ceux-ci vivaient tous éloignés et les règlements de Saint-Cyr, très rigoureux, ne permettaient pas de venir voir les enfants hormis dans la huitaine des quatre fêtes du calendrier grégorien : Noël, Pâques, la Pentecôte et la Toussaint. Si son frère Napoléon put en profiter, comme on l'a dit, ce ne fut en tout cas que dans l'intervalle entre l'entrée d'Elise à Saint-Cyr (juin 1784) et sa sortie de l'École militaire de Paris (30 octobre 1785), aux jours de congé du pensionnat coïncidant avec les fêtes de ce laps de temps. Encore l'unique lettre qu'on a lue d'Elisa datée de Saint-Cyr, n'y fait-elle aucune allusion. Depuis, pendant la durée des études de Marie-Anne, Napoléon séjourne à Paris, une première fois en octobre-décembre 1787 et une seconde de mai à septembre 1792, époque où sa sœur quitta le couvent royal ; il se peut donc que l'une ou l'autre de ses visites ait eu lieu alors. Sous ces réserves, on peut accepter le dire de Mme la duchesse d'Abrantès ; mais les rares détails recueillis et publiés sur l'une de ces visites par un auteur aussi sujet à caution,

intéressent plutôt le futur empereur qu'Elisa.
On y relève qu'Elisa éprouvait vis-à-vis de ses
compagnes, souvent mieux partagées, certaines
mortifications d'amour-propre, à cause des
faibles ressources dont elle disposait, conséquence de la fortune médiocre des siens. Toutefois Napoléon parut à Saint-Cyr, peut-être le
31 mai 1792, mais à coup sûr le 16 juin[1],
accompagné probablement de son camarade de
Brienne, Fauvelet de Bourrienne.

Il mandait, en effet, à Joseph, de Paris, le
18 juin 1792 : « ..... J'ai vu avant-hier Marianna
qui se porte bien. Elle m'a prié de la faire
sortir, si jamais l'on changeait leurs institu-
tions.

« Il paraît clair qu'elle n'aura pas de dot[2],
soit qu'elle sorte actuellement, soit qu'elle
reste encore quatre ans. Il en est sorti sept à
huit qui avaient vingt ans et n'ont pas eu de dot.

---

1. « *Je n'ai point encore vu Marianne. J'irai après-
demain.* » Lettre du mardi 29 mars 1792 de Napoléon à
son frère Joseph, datée de Paris. Masson. *Nap. inc.*,
II, 387.

2. Allusion à la dot que la maison de Saint-Cyr dé-
livrait aux élèves, à leur sortie.

Il paraît clair que cette maison va être ou détruite ou changera tellement de face qu'elle n'aura plus aucune similitude avec ce qu'elle est. Marianna est neuve, s'accoutumera très facilement au nouveau train de la maison. Elle n'a point de malice. Sur ce point là, elle est moins avancée que Paoletta. L'on ne pourrait pas la marier avant de la tenir six ou sept mois à la maison. Ainsi, mon cher, si actuellement que je te suppose à Ajaccio, tu crois que son mariage peut s'effectuer, tu me l'écriras et je l'amènerai. Si tu penses que cela soit plus qu'incertain, alors l'on pourrait courir le risque de la laisser, parce qu'on ne peut pas s'imaginer comment les choses tourneront[1]. Une raison qui influe beaucoup sur moi, c'est que je sens qu'elle serait malheureuse en Corse, si elle restait dans son couvent jusqu'à vingt ans, au lieu qu'aujourd'hui elle y passerait sans

1. « On voit par ce passage et par celui ci-dessous, relatif à Lucien, que Napoléon n'avait pas reçu la lettre de Joseph, du 14 mai. La date où la lettre est écrite exclut *a priori* la pensée que le projet de mariage dont il est question ici soit celui avec l'amiral Truguet, puisque Truguet, comme on le verra plus loin, n'arriva à Ajaccio qu'à la mi-novembre ou décembre. »

s'en apercevoir. Ne perds pas un moment à m'écrire, là-dessus, ce que tu en penses..... [1] ».

Il retourna à Saint-Cyr, au commencement d'août, et lia quelques relations avec les dames de la communauté, surtout avec Mme de Crécy, qui l'apprécia à cause de l'affection profonde qu'il témoignait à sa sœur [2]. Cependant, dans une autre lettre dont on n'a pas la date, mais que Lucien vise dans sa missive à Joseph, du 24 juin, écrite d'Ucciani, cette mauvaise tête de Lucien dit : la lettre de Napoléon m'a fait beaucoup de plaisir pour Marianna « elle est, dit-il, aristocrate et j'ai dissimulé avec ces dames ». Lucien n'approuve pas cette attitude de Napoléon et part en guerre contre son carac- tère [3].

Quant à Mme de Permon (mère de Mme Junot et amie d'enfance de ses parents), qui avait épousé un futur agent de finances aux armées

1. Masson. *Napoléon inconnu*, II, p. 391 et 392.
2. Th. Lavallée. *Histoire de la maison royale de Saint- Cyr*, 1 vol. gr. in-8 jésus. Furne, 1853, p. 273. — Une dame de Crécy, probablement la même, sera nommée en octobre 1804 « dame pour accompagner » dans la future maison de la sœur de Napoléon.
3. *Nap. inc.*, II, 397.

d'Italie, assez intrigant, comme on sait[1], ses visites à Saint-Cyr paraissent vraisemblables, puisqu'elle habitait Paris et aimait beaucoup les Bonaparte.

La fermeture forcée de l'établissement, que prévoyait Napoléon, interrompit, en effet, les études de Marie-Anne. En temps ordinaire, les jeunes élèves demeuraient au couvent jusqu'à vingt ans, sous la surveillance des religieuses de Saint-Augustin, ordre régulier.

A vingt ans, toute élève quittait la maison, munie d'une éducation très soignée (s'étant graduellement développée dans quatre périodes déterminées) et elle avait droit, en sortant, à une dot de 3,000 livres, avec un trousseau de 300, et à des frais de voyage. Mais la jeune pensionnaire ne put obtenir en tout que ces derniers de Saint-Cyr à Ajaccio.

Le 7 août 1792, l'Assemblée nationale avait supprimé l'aristocratique couvent. Une addition à la loi fut décrétée, le 16 du même mois.

---

1. Voyez notre ouvrage : *Bonaparte et la République de Lucques*, 1 vol. in-12, Paris, Champion, p. 10.

Aux termes de cette addition, le pensionnat *serait évacué* le 1ᵉʳ octobre, *et les élèves recevraient 20 sous par lieue jusqu'à leur municipalité respective*[1].

Après le 10 août, le parti girondin, qui représentait l'ordre, reprit ses positions au ministère et à la Législative. La cour tomba pourtant, mais la Montagne n'osait encore faire l'essai de ses forces. Napoléon profita du triomphe momentané de la Gironde, pour renouveler sa demande d'avancement. Il fut nommé capitaine d'artillerie à l'armée des Ardennes, dont le commandement venait d'être confié à Dumouriez (20 août). Le désir de se trouver en présence de l'ennemi lui aurait fait aisément oublier qu'il devait ramener sa sœur en Corse ; mais celle-ci, qui s'en aperçut, le lui rappelait tous les jours, le conjurait de ne pas la laisser partir seule, et en fait c'eût été bien risquer, à cette époque, de confier sans protecteur, aux voitures publiques, une jeune fille de quinze ans et demi. Les grandes routes n'étaient rien moins que sûres.

1. Pièce justif., n° IV.

Il délibéra longtemps s'il devait accéder à ses prières ou bien suivre son penchant personnel. « J'attendrai ta réponse pour Marianne, mandait-il encore à Joseph, le 22 juin, je suis plus indécis que jamais, voilà un mois que je suis à Paris[1]. » Enfin, les ordres de sa mère, les pleurs de sa sœur, l'emportèrent : il fit connaître sa position au ministre[2], qui lui permit de rentrer en Corse et d'y attendre des ordres ultérieurs.

Bonaparte, lieutenant au 4ᵉ régiment d'artillerie, mais destitué de son emploi pour avoir manqué à la revue de rigueur du mois de décembre, était alors à Paris. Il venait de se justifier d'avoir fait tirer sur le peuple le lundi de Pâques et se disposait donc à profiter de son récent congé. Il avait été réintégré et avait même reçu un grade supérieur.

Le jeune capitaine (il le fut en effet rétroactivement par faveur le 6 février[3]), délivré de ces contretemps et l'esprit désormais libre, s'oc-

---

1. *Nap. inc.*, II, 393.
2. Suivant T. Nasica. *Mémoires sur la jeunesse de Napoléon*, 1 vol. in-8, 1852, p. 277 et 278.
3. *Nap. inc.*, II, p. 399 et 400.

cupe alors de Marianna assez inquiète et dont il apprécie déjà les agréments et la distinction[1]. Il écrit sa pétition le 1er septembre, veille de son départ; sa sœur y ajoute quelques lignes; le jour même, le maire et les officiers municipaux de Saint-Cyr vérifient les droits des réclamants, et le Directoire du district de Versailles accorde les 20 sous par lieue[2], soit 352 livres, pour les 352 lieues séparant Versailles d'Ajaccio. Sa démarche terminée, et sans perdre de temps, Napoléon revint dans la soirée à Saint-Cyr avec une carriole de louage. Une heure après, on le vit avec sa sœur, portant l'un et l'autre un paquet de hardes, sortir de cette maison fameuse, où il ne devait plus se montrer qu'Empereur des Français, en 1805[3]. Le frère et la sœur, dans leur passage à Paris, habitèrent quelques jours

1. *Nap. inc.*, II, 406, note.

2. Les pièces relatives à ces démarches ont été publiées pour la première fois le 26 février 1841, par un conseiller à la cour royale de Caen, M. de Formeville, possesseur des autographes; un tirage à part avec *fac simile* à 50 exemplaires a paru à Caen, chez Hardelle, en 1842. (Voyez nos pièces justificatives, n° IV.)

3. Lavallée. *Opus citatum.*

à l'hôtel de Metz, rue du Mail, où était descendu Bonaparte dès le 20 mai précédent. Leur départ de la capitale était fixé au 9 septembre ; ils se rendirent d'abord à Lyon, d'où ils s'embarquèrent sur le Rhône. Des amies de Valence, Mlle Bon et Mme Mésangère, leur apportèrent sur le quai, pendant l'arrêt du bateau, un panier de raisins[1].

En passant à Marseille, où il arriva vers la mi-septembre et où il dut attendre une partance pour Ajaccio, Napoléon courut un grave danger, dont il se tira avec esprit : « Sa sœur avait un chapeau garni de plumes ; à la porte de l'auberge, elle fut remarquée par une foule de démagogues qui aussitôt se mirent à crier : « Aux aristocrates ! mort aux aristocrates ! — Pas plus aristocrates que vous, leur répondit Bonaparte avec fierté », et prenant le chapeau qui avait soulevé cette tempête, il le jeta au milieu de la foule ébahie qui changea ses vociférations en applaudissements. »

« Le 24 septembre 1792, pendant qu'il était

1. Arthur Lévy. *Napoléon intime*, 1 vol. in-8. Plon, 1892, p. 43.

3.

encore en Provence à attendre le moment de s'embarquer avec sa sœur, un courrier extraordinaire apporta la nouvelle que la Convention, par son décret du 21, avait aboli la royauté en France. Le lendemain, il mouillait dans le port d'Ajaccio[1]. Paoli, à Corte, en fut aussitôt prévenu.

Quant à sa mère et aux autres enfants, ils furent au comble de la joie en voyant la jeune fille qui déjà venait d'échapper à plus d'un péril, et Mme Lætitia eût pu alors s'écrier comme Esther, dans une tragédie justement composée pour les pensionnaires de Mme de Maintenon :

> Est-ce toi, chère Élise? O jour trois fois heureux !
> Que béni soit le Ciel qui te rend à mes vœux !

Ce premier moment d'expansion passé, la triste réalité des circonstances apparut à la famille, car la gêne y était profonde. Les ressources diminuaient de jour en jour et les recouvrements se faisaient de plus en plus difficiles au milieu des discordes civiles. La seule ressource sur laquelle on pût compter

1. Nasica. *Opus citat.*, p. 285 et 286.

paraît avoir été la solde de Bonaparte, qui reprit la direction de son bataillon de volontaires nationaux.

Le soir, alors que les plus jeunes enfants sont couchés, Lætitia se lamente sur l'avenir déplorable réservé à ses filles. Napoléon cherche à la rassurer, en lui disant qu'il ira aux Indes : « J'en reviendrai, ajoute-t-il, dans quelques années un riche nabab, et vous apporterai de bonnes dots pour mes trois sœurs[1]. »

En tout cas, peu s'en fallut que pour Marianna le sort se décidât promptement en sa faveur, car on prétend que le contre-amiral Truguet[2], commandant les forces navales de la Méditerranée, ayant relâché alors à Ajaccio en décembre 1792, attendant des renforts du continent pour entreprendre une expédition en Sardaigne, frappé des moyens de la jeune fille et de son éducation, remarqua Marie-Anne et conçut pour elle quelque inclination.

Il est étonnant, si le fait est exact, que Marie-Anne ne l'ait point partagée. Un officier

1. Arthur Lévy. (D'après Iung.)
2. Truguet (Laurent-Jean-François), 1752-1839.

général, dans la passe difficile que traversait sa famille, — pouvait-elle désirer mieux? Sans doute il y avait une grande différence d'âge (25 ans), mais Truguet était, paraît-il, beau garçon et aimable. Et il conserva longtemps encore ces qualités, car dans une lettre datée de Pontivy le 6 prairial an IX, huit ans plus tard, Bernadotte écrivait de lui à Désirée Clary sa femme, ceci : « Je dois de la reconnaissance à Truguet. Il se conduit en collègue obligeant. Général, beau garçon, aimable et célibataire, voilà bien des titres pour capter la bienveillance d'une jeune femme [1]. »

Quelques mois après les événements qui dans l'intérieur de l'île amenèrent le triomphe momentané de Paoli et du parti anti-français, la famille Bonaparte, compromise pour avoir pris la tête du mouvement en faveur de la République, fut déclarée suspecte et obligée de quitter le pays. Son bannissement fut prononcé par une délibération *della consulta* de Corté du 27 mai 1793.

1. *Désirée Clary, reine de Suède*, par la comtesse d'Armaillé. 1 vol. in-12, pages 100 et 101.

Mme Bonaparte voulait résister à Ajaccio avec des partisans, mais les dangers que coururent ses enfants la forcent à s'évader. Elle sortit d'Ajaccio avec Fesch, Louis, Marie-Anne et Pauline pour se rendre à sa terre de Milleli. Ses autres enfants étaient en lieu sûr. Bientôt Mme Bonaparte dut abandonner Milleli pour le maquis afin de protéger sa vie et celle des siens menacés. Elle tenait par la main sa petite Pauline, tandis que Marie-Anne et Louis ne s'éloignaient pas de l'abbé Fesch, leur oncle. Des amis dévoués les accompagnaient. Errante plusieurs nuits, la famille arrive sur les bords du torrent le Capitello, qu'on passe à cheval; des privations de toutes sortes rendent cette fuite fort pénible. Pendant ce temps, la maison Bonaparte, à Ajaccio, était livrée au pillage. Napoléon, de Provenzale où il était, va à la rencontre de sa mère et de ses sœurs, et les fait embarquer pour Calvi, d'où, montés sur un frêle esquif dit « chasse-marée », ils gagneront bientôt le continent.

La famille, après un arrêt à La Valette, près Toulon (juin 1793), se retrouva à Marseille dès la fin de juillet. On sait quelle vie de privations elle y mena durant plusieurs années, à peine coupées par de courts séjours à Château-Sallé, près d'Antibes, et à Nice en 1794, auprès de Napoléon, général commandant l'artillerie de l'armée d'Italie. Un document authentique connu, de la main d'Elisa, date précisément de l'une d'elles (1795). Il est très précieux par sa rareté, étant donné ce temps terrible de représailles, où elle était d'ailleurs encore si jeune, et il se rapporte à la situation malheureuse de son frère aîné Lucien. On le lira un peu plus loin.

Lucien s'était toujours montré jacobin et ami de Robespierre. Après la prise de Toulon, il fut incarcéré, car la réaction triomphait. Il venait de se marier le 4 mai 1794 à Marathon, avec Catherine Boyer, sœur de l'aubergiste du lieu.

La série des jours néfastes continuait pour la famille. Depuis juillet 1793, Mme Bonaparte et ses enfants habitaient Marseille. Joseph vivait chez les Clary. Lucien, quelques jours après l'accouchement de sa femme, avait dû quitter Saint-Maximin au plus vite. Sa position n'y était plus tenable. Grâce à Saliceti et à Turreau, on lui avait donné un petit emploi, celui d'inspecteur des charrois à Saint-Chamans, près de Cette.

Il croyait, dit Iung[1], trouver la tranquillité ; il devait se tromper. A la suite du licenciement de l'armée de Toulon et des événements de floréal et de prairial, la réaction avait pris dans le Midi un caractère excessif de violence.

Dénoncé à son tour par le fils de ce Rey, qu'il avait autrefois livré, il fut arrêté, garrotté et conduit dans les prisons d'Aix, où il resta six semaines. Atterré, Lucien s'adresse à sa mère, à ses frères, à ses protecteurs, notamment au représentant Chiappe, le 3 thermidor an III (21 juillet 1795).

Il le supplie de demander sa délivrance et lui annonce que sa mère lui fera passer sa lettre et sa réponse. Lætitia, malade, avait d'abord chargé sa fille d'écrire au député en attendant qu'elle pût s'acquitter elle-même de ce soin.

L'ex-élève du chapitre royal de Saint-Louis n'est pas très ferrée sur l'orthographe et, vu son âge encore tendre — dix-huit ans — nul

1. *Mémoires de Lucien*, I, 130.

ne songerait à lui en tenir rigueur. Mais elle conserva toute sa vie cette imperfection qui fut d'ailleurs commune aux plus grands personnages de l'époque et à beaucoup de femmes extrêmement distinguées, sans en excepter les rédacteurs d'actes publics[1]. Le vulgaire seul ignore ce fait aujourd'hui. Par contre, sous le rapport du style épistolaire, Élisa montrera en grandissant une précision sobre et digne, un ton toujours soutenu, par instant un peu déclamatoire, il est vrai, comme pour rappeler aux lecteurs de nos jours l'empreinte révolutionnaire qui restera, malgré tout, sienne. Nous aurons l'occasion de transcrire d'elle des lettres entièrement manuscrites de plusieurs pages, où il n'y a pas une rature, qui sont tracées au courant de la plume et d'allure vraiment mâle d'un bout à l'autre.

1. Fallait-il, oui ou non, dans cet ouvrage, publier les textes, avec leurs fautes? Sur le conseil de juges impartiaux et autorisés, nous avons adopté le parti de les en purger.

« Marseille, le 1er thermidor (19 juillet 1795).

« Citoyen représentant,

« Maman a reçu ce matin une lettre de mon frère Lucien, et se trouvant au lit, ne pouvant pas vous envoyer cette lettre, elle m'en charge ; je me joins aux supplications de mon frère pour vous prier instandent (*sic*) de faire quelque chose pour lui ; ne verrez-vous pas sans pitié les larmes d'un père, d'un époux et d'un frère ? non, j'augure trop de votre bonté pour croire que vous n'apporterez pas quelque remède à ses maux et à la douleur d'une mère, et des sœurs qui vous en supplient. J'espère, citoyen Représentant, que vous ne dédaignerez pas nos vœux.

« J'ai l'honneur d'être votre concitoyenne.

« Élisa Bonaparte [1]. »

1. Document app. à l'auteur. — Sa date n'est pas complète, mais nous le rapportons à l'année 1795, après que Lucien, en résidence à Saint-Maximin, où il avait été nommé dans les subsistances militaires par le commandant Bonaparte son frère, venait de se signaler contre les exactions jacobines par sentiment d'humanité. Après le 9 thermidor, il fut arrêté à Saint-Chamans.

Le conventionnel auquel la lettre d'Élisa est adressée pourrait bien être encore Fréron (fils du célèbre critique de ce nom), qui était alors en mission dans le Midi, en qualité de commissaire du gouvernement. Fréron avait des vues matrimoniales sur la jeune Pauline sœur de Bonaparte. Mais nous pensons qu'il s'agit plutôt d'Ange Chiappe, leur compatriote, représentant de la Corse.

En juillet 1795, la famille Bonaparte, ruinée par les Anglais, qui avaient distribué ses biens à leurs partisans, était presque réduite au dénûment. A peine pouvait-elle subvenir à ses besoins quotidiens avec la mince pension que le gouvernement faisait aux réfugiés corses.

A Marseille, elle avait trouvé son premier asile dans une pauvre maison des allées de Meilhan, où elle venait de traverser le moment le plus sanglant de la Terreur. Jérôme a raconté qu'il avait vu alors passer sous ses fenêtres des charrettes de condamnés qu'on menait à la guillotine[1].

1. *Napoléon et ses détracteurs*, p. 25.

L'abbé Fesch, Pauline et Élisa entouraient Mme Lætitia. Le courage et la santé ne les avaient, malgré tout, pas abandonnés. Napoléon consacra la plus forte part de ses appointements à sa famille. Joseph fut nommé commissaire des guerres et Lucien, comme l'on sait, fut placé dans les subsistances militaires. « A titre de réfugiés, dit Lucien dans ses mémoires, nous obtînmes des rations de pain de munition et des secours modiques, mais suffisants pour vivre, surtout à l'aide de l'économie de notre bonne mère. Le récit des périls qu'elle avait courus, l'incendie de nos propriétés, l'ordre de nous prendre morts ou vifs, donné, dit-on, par Paoli, n'eurent pas de peine à vaincre nos scrupules. »

Cependant cette position misérable allait s'améliorer.

Joseph avait trouvé femme à Marseille en la personne d'une héritière, fille d'un riche fabricant de soieries, M. Clary. Le mariage s'était célébré à Cuges, près Saint-Maximin, le 1er août 1794. La dot de Marie-Julie Clary (cent mille francs), considérable pour l'époque, permit à

Joseph, l'aîné de la famille, de secourir sa mère
et ses sœurs.

Le 2 mars 1796, Bonaparte était appelé par
le Directoire au commandement en chef de
l'armée d'Italie; le 9, il épousait Joséphine,
veuve d'Alexandre Beauharnais, et les **22** et
23 mars ayant laissé sa jeune femme à Paris
pour rejoindre son quartier général, il passait à
Marseille où se trouvaient les siens. « Que de
changements depuis un an! Sa mère et ses
sœurs étaient installées rue Paradis. Leur salon
était devenu le rendez-vous des officiers de passage et des Corses qui tenaient à faire leur cour
à la famille du généralissime [1]. »

On parlait beaucoup de mariage, rue Paradis. Baciocchi faisait sa cour à Élisa, et avait
eu un instant pour rival, dit quelque part
Lucien, dans ses Mémoires (écrits en Angleterre, lors d'un amer exil), le ministre de la
marine amiral Truguet qui ne fut pas agréé.
Lucien l'eut tout autant aimé que le *bonace*
Baciocchi, grand amateur de violon, au point

[1]. Iung. *Bonaparte et son temps*, I, 128.

d'en agacer les nerfs de ses voisins ; la prétendue en jugea autrement et favorisa Félix. Joseph, consulté comme aîné, avait, de son côté, recommandé Baciocchi [1].

Mais bientôt, grâce aux démarches de Bonaparte auprès de Barras et de Fréron, Lucien fut remis en liberté.

A quelques mois de là, les nouvelles des conquêtes du jeune général étant parvenues à Marseille, l'autorité de cette ville organisa le 10 prairial an IV (29 mai 1796) une fête nationale dite de la *Victoire et de la Reconnaissance*. La mère et les sœurs de Bonaparte, déjà très regardées pour leur beauté, y assistèrent et au milieu d'une véritable ovation reçurent des administrateurs du district plusieurs palmes de laurier [2]. Le moment approchait où avec l'aisance recouvrée, la famille allait pouvoir retourner en Corse.

1. Joseph, du moins, le rappelle à son beau-frère dans une lettre datée de Londres, 11 mars 1840, à propos de quelques services pécuniaires qu'il sollicite de lui. Catal. E. Charavay. (Vente du 24 mai 1894, autographe n° 24).

2. Baron Larrey. *Madame Mère*, I, 250.

L'occupation de l'île, en effet, prit fin le 15 septembre 1796.

Les Anglais durent l'évacuer, n'étant jamais parvenus à dominer dans ses montagnes, où des insurrections continuelles les avaient tenus en échec et avaient empêché toutes leurs communications. Les victoires de l'armée d'Italie, dit Miot [1], commandée par l'un de leurs compatriotes, avaient, parmi les Corses, redoublé cette fermentation intérieure et décidé les Anglais à abandonner entièrement leur conquête. Paoli, Pozzo di Borgo, Péraldi leurs principaux partisans, passèrent en Angleterre. D'autres, comme Petriconi et Vanucci, allaient bientôt devenir les agents du cabinet de Saint-James en Toscane et recevoir des mains de Windham, alors ministre anglais à Florence, une pension pour la propagande qu'ils y faisaient contre les Français [2].

Le général Gentili, avec une petite troupe de

1. *Miot de Mélito*, *Mémoires*, I, p. 124 et suivantes. Édition de 1880. Calmann Lévy. — Miot était alors chargé d'une mission en Corse.

2. Voyez notre ouvrage *le Royaume d'Etrurie*, p. 225 à 227.

volontaires, purgea le pays. Saliceti et Miot surtout, rétablirent l'administration française.

Alors, à la fin de 1796, les Corses expatriés rentrèrent en foule dans l'île. C'étaient les républicains qui, s'étant réfugiés en France, avaient droit à des indemnités pour les pertes que le patriotisme leur avait attirées. Joseph y revint temporairement, puis aussi Mme Lætitia, Pauline et Élisa. Toutefois, Mme Lætitia et ses filles conservèrent leur résidence à Marseille jusque dans le courant de 1797, époque où leur maison était située « dans cette ville rue Lafont, île soixante-deux, maison dix-sept, section cinq », comme nous l'apprend l'acte de mariage d'Élisa.

CHAPITRE II

Cependant Bonaparte, au comble de la gloire
militaire, après avoir défait quatre armées
autrichiennes sur le sol italien et avoir dissous
la République de Venise qui nous avait trahis,
était à Milan, au moment où sa sœur Élisa
allait se marier. Félix Baciocchi[1] son fiancé,
âgé de trente-cinq ans, et pourvu d'une physio-

1. Voyez pièces justif. V et suivantes.

nomie aux lignes fines et plutôt agréables
d'expression, appartenait à la noblesse d'é-
pée.

La famille Baciocchi remonte très haut dans
les âges, et occupe un rang distingué par l'importance des charges[1] dont elle fut investie
tant à Ajaccio que sur le continent, enfin par
ses alliances avec les Colonna Bozzi, les Colonna d'Istria, les Colonna Ornano, les de
Tavera, les Ornano, les Cunéo, les Pozzo di
Borgo, les Gozzi, Ramolino, etc.

Il est très difficile de déterminer exactement
la date des premiers Baciocchi, car leurs châteaux, qui renfermaient les archives, furent,
avec le temps, et surtout les ruines amenées
par les guerres, la proie de barbares vainqueurs
ou des flammes.

J.-Bapt. de Baciocchi, lieutenant au Royal-
Corse[2], sous Louis XV, qui s'emploiera à dé-
brouiller les origines de sa famille, ne pourra

1. *Généalogie de la famille B. dressée de* 1778 *à* 1780.
par J.-Bapt. Baciocchi (manuscrit en italien), lieutenant royal en Corse.
2. Le Royal-Corse, créé en 1739.

se servir que de l'histoire, telle qu'elle était écrite alors, c'est-à-dire pauvre en renseignements et de quelques vieux parchemins échappés aux divers naufrages. Il explique dans la préface de son curieux manuscrit[1] qu'aux causes de destruction qui viennent d'être signalées, s'ajoute celle provenant de l'insouciance des papiers qu'eurent ses ancêtres ou leurs serviteurs, avant l'époque de l'établissement définitif de la famille en Corse. Pour comble de malheur, la ville d'Ajaccio ayant été mise au pillage, en 1553, comme l'atteste l'historien Filippini, sur l'ordre de Sampietro de Bastelica, ses archives furent dispersées. Telle est encore la raison pour laquelle on manque de preuves écrites sur les origines de cette famille, en Corse, avant 1552. Elle y comptait, en tout cas, parmi les premières pour la fortune.

Ses armoiries se composent : d'un casque avec deux lions pour supports et un arbre de pin fruité d'or sortant de flammes dans un

1. Nous remercions ici son possesseur, M. André Baciocchi d'Ajaccio, de l'aide réelle qu'il a apportée à ce travail, souvent fort ardu.

champ d'or, le tout surmonté d'une couronne de marquis [1].

Le plus ancien Baciocchi dévoilé par le manuscrit auquel nous empruntons ces détails — lequel s'appuie sur des actes notariés de Gênes et sur un cartulaire de 1532 — serait un Benoît, père de Jean-Augustin, qui appartient au xve siècle. Ce dernier eut pour fils Thomas qui, d'après les archives de la juridiction royale d'Ajaccio, est indiqué comme citoyen génois résidant en Corse. Le premier de tous les Baciocchi, il vint habiter l'île vers 1560 [2]; il avait épousé une Génoise. Son fils Lazare, marié à Madeleine Della Costa (d'une famille reconnue noble par le Conseil supérieur, après la conquête française), fit souche en Corse, et à partir de ce moment (milieu du xvie siècle), tous les Baciocchi furent établis à Ajaccio. Ce Thomas avait, en tant que noble, donné son nom à la terre qu'il possédait.

1. Il en existe une petite gravure très exacte par Mangein, datant de 1787. Nous en donnons la reproduction ci-contre.

2. *Manuscrit de la Généalogie*, p. 1 verso et p. 2.

Premières armoiries des Baciocchi
et signatures des futurs princes de Lucques.

Ces biens, situés sur le territoire d'Ajaccio, ne tardèrent pas à prendre tant de contenance, avec les années, qu'à la fin du dernier siècle leur partage en plusieurs portions, pour doter les enfants des diverses branches, ou pour en faire sortir des réalisations, permit à plus de quarante familles de la ville d'y avoir des propriétés appréciables. On y voyait encore deux tours presque démolies qu'on appelait tours des Baciocchi.

Lazare Baciocchi est qualifié aussi de *noble citoyen génois habitant la Corse*[1]. Thomas était donc le petit-fils d'Augustin, cité ci-dessus, et l'arrière petit-fils du Benoît, déjà signalé. Cela résulte de plusieurs actes notariés de 1549, 1560, 1592, et d'autres documents relevés dans les archives de la juridiction royale d'Ajaccio par l'auteur de la « Généalogie ».

D'autre part, les Baciocchi sont inscrits au Livre d'or de Gênes, depuis le xive siècle : car avant la dernière partie du xvie siècle, tous les membres de cette race habitent la Ligurie.

Dans le livre du frère Jacques de l'Oratoire

1. *Manuscrit de la Généalogie*, p. 2.

de Saint-Philippe (bibliothèque publique de la ville de Gênes), sous la direction de M. M. R. R. seigneurs missionnaires Urbains — intitulé : « Origine et Fasti delle nobile famiglie di Genova », on trouve la note suivante à la lettre B :

Baciocchi nobili cittadini Genovesi trogono origine della Riviera, sono venuti ad abitare in Genova l'anno 1340 (mille trecento quaranta).

Un siècle et demi se passe sans que nous ayons de document relevant le rôle de la famille.

En 1488, Simon, Antoine, Pellegre, Lazare, Barthélemy et Jean Baciocchi furent des citoyens qui jurèrent fidélité au duc de Milan, quand celui-ci se rendit maître de la ville de Gênes, au nom de l'empereur[1].

On lit aussi le nom d'une famille Baciocchi dans la liste dressée par Augustin Fransone — à la fin de son important ouvrage sur la noblesse de Gênes[2] — des races patriciennes

---

1. *Manuscrit généalogique*, p. 1.
2. Nobilita di Genova..., dédié *all illᵐᵒ et eccᵐᵒ signor principe Doria*. — In-folio. Genova, 1636. Tous les écus-

d'Alberges de la République, éteintes entre
1528 et 1634.

En continuant l'examen de la filiation, nous
trouvons que Thomas eut dans sa postérité directe trois fils, chefs de trois branches différentes, dans lesquelles presque tous furent officiers, au service de la Ligurie. Des deux
branches collatérales, la première n'est plus représentée aujourd'hui ; quant à la seconde,
elle existe encore à Alexandrie (Piémont), dans
la personne du sénateur Gropello. Ce dernier
descend par les femmes d'Angelo Benedetti
qui, de Gênes, en 1764, alla se fixer à Alexandrie, entra au service du roi de Sardaigne et
fut créé baron de Montale et Celli, titre que
portait encore, en 1805, Jules Baciocchi Montale, chevalier de l'Empire et maire de la
bonne ville d'Alexandrie [1], propre grand-père

sons de ce recueil rare et précieux ont été gravés par
Jérôsme David.

1. En 1784, il recevait son brevet de sous-lieutenant
au régiment provincial d'Asti (infanterie); en 1786,
était nommé adjudant-major; en 1792, passait capitaine au même régiment ; enfin en 1810, devenait
membre de la Légion d'honneur.

du sénateur actuel du royaume d'Italie, B. Gropello [1].

Parmi les officiers auxquels il vient d'être
fait allusion, on remarque deux gouverneurs de
places militaires, Pigna et Gavi. L'un des fils
l'*alfiere* Martin — qui, au xviᵉ siècle, créa la
souche d'où sortent tous les Baciocchi de nos
jours — quitta la Corse avec d'Ornano, le futur
maréchal, et servit avec lui la France sous
Henri II [2]. Il fut le père de ce Nicolas qui, après
avoir épousé en 1575 Giulia Adorno, de l'illustre famille des doges de Gênes, se mit à la
tête de ses compatriotes corses et chassa, en
1582, les corsaires turcs débarqués à peu de
distance d'Ajaccio. Suivant l'exemple des ancêtres, son fils et petit-fils servirent la République comme officiers. Toutefois, l'un de ces
derniers, nommé François, étant entré dans les
ordres, devint pronotaire apostolique et fonda

1. Que cette honorable famille soit remerciée ici de
l'accueil qu'elle nous a fait à Alexandrie en 1894.
Voyez aussi pièces justif., sous le n° Vᵈ, la rubrique :
Les Baciocchi d'Alexandrie.
2. *Manuscrit généalogique*, 17.

de ses deniers l'abbaye de Loreto, aux environs d'Ajaccio.

En résumé, l'origine première des Baciocchi de Corse est donc génoise. On sait quels rapports constants l'histoire de l'île présente, au cours des siècles, avec celle de la Sérénissime République aristocratique et combien longtemps la patrie de Paoli et de Bonaparte fut dépendante du doge de Gênes.

Les Baciocchi, au xvie siècle, étaient très estimés par le gouvernement génois, comme il appert de deux déclarations officielles, l'une du 22 novembre 1574, l'autre du 9 décembre 1596. Leur famille a toujours joui des dignités, prérogatives et exemptions accordées à celles ayant rendu des services honorables. Elle peut commercer hors de l'île et ne paye pas d'impôts. Ses gens ont droit de « porter toutes sortes d'armes dans la ville et au dehors[1] ».

En tous cas, l'alliance de Félix et d'Elisa,

1. Attestation des magistrats d'Ajaccio en faveur de l'antiquité et de la noblesse de la famille Baciocchi, avril 1768, visant et résumant ces déclarations (texte original en latin), reposant à Alexandrie, chez le commandeur J. de Gropello Farino.

qui donne lieu, ici, à ces développements gé-
néalogiques, n'est pas la première entre les
deux maisons Bonaparte et Baciocchi, d'A-
jaccio.

Dans le dernier quart du xvie siècle vraisemblablement, un Baciocchi, nommé encore
Thomas, premier fils de Jérôme, épousa Catherine Bonaparte et fit son testament le 20 août
1606. Il n'eut pas d'enfant et institua pour
héritier son frère et ses descendants[1].

Un Guerrino Baciocchi, vivant dans la seconde moitié du xvie siècle, eut de Laura
Degoneto, sa femme, un fils, second en rang de
naissance, appelé Jean-Marie, qui épousa, vers
1615, Laure Bonaparte. Elle était fille de messire (ou messer) Jérôme, petit-fils du premier
Bonaparte, émigré et établi en Corse. Ce Jean-
Marie Baciocchi, capitaine génois de son état,
avait reçu la mission de lever dans l'île une
compagnie de deux cents hommes moitié
mousquetaires, moitié infanterie, suivant lettre
patente du doge, en date du 1er juillet 1625[2].

1. *Généalogie*, p. 5.
2. Voyez l'une des pièces justif. sous le n° V[A] et
généalogie, p. 90.

Ce fut lui qui eut le gouvernement de la ville
de Pigna.

En 1646, la république de Gênes confirme
encore aux Baciocchi certains privilèges pos-
sédés par eux de temps immémorial. C'est
ainsi « qu'ils peuvent se couvrir et s'asseoir
devant le Sérénissime Sénat de Gênes et tout
autre magistrat du même État », ni plus ni
moins, ajoutent les Anciens d'Ajaccio qui vi-
sent tous ces actes en 1768, dans leur attestation, « que *s'ils étaient inscrits* sur le livre des
nobles et patriciens génois », honneurs et privilèges que très peu de nobles ont obtenus
dans le royaume de Corse.

Des certificats semblables leur furent encore
donnés, notamment en 1788 [1].

Leur formule semble en contradiction avec
ce qui a été dit plus haut à savoir que les
Baciocchi étaient inscrits au Livre d'or de
Gênes dès le XIVe siècle. Pour comprendre le
doute émis ici par les magistrats d'Ajaccio, il

1. Témoin celui conservé dans les archives de la famille Baciocchi del Turco, chez M. Bouley, d'Ajaccio,
son intendant.

faut se rappeler qu'au xviiiᵉ siècle les notions exactes sur l'état civil et les antécédents des familles — surtout s'il fallait passer les mers pour s'en informer — manquaient souvent à ceux qui auraient eu mandat d'être bien instruits : ainsi s'explique la phrase employée.

En considérant la date à laquelle l'attestation des magistrats d'Ajaccio a été écrite pour les intéressés — 1768 — on ne peut manquer de conclure que cette pièce a été délivrée en vue de prouver leur noblesse au gouvernement français qui venait d'acheter l'île aux Génois, et avait besoin de s'entourer de renseignements[1] sur les gentilshommes destinés à son service.

A la fin du xviiᵉ siècle, apparaît dans la descendance directe de Nicolas et de Julia Adorno, sa femme, Joseph-Antoine, né en 1668, qui épousa, en 1685, Flaminia Cunéo d'Ornano. De ce couple sont issus trois fils, chefs des trois branches Baciocchi du xviiiᵉ siècle, encore au-

---

1. Voyez l'une des pièces justif. sous le nᵒ V, attestation des magistrats déjà citée.

jourd'hui existantes. La branche aînée, dont le premier titulaire, Jules Étienne, mourut jeune, comprend également la famille du comte Baciocchi, l'ami de Napoléon III, qui fut surintendant des théâtres impériaux.

Le deuxième compte parmi ses membres distingués le colonel Joseph-Antoine Baciocchi, — dont les descendants habitent actuellement Avignon, — Jules-François, le dernier abbé de Loreto (fondation de la famille), et Jean-Baptiste, le généalogiste historien, auquel nous devons ces précieux renseignements, décédé en 1813, sans postérité; enfin, Jean-André-Louis, né en 1757 (cadet des quatre frères), cousin issu germain du comte surintendant précité. A la Révolution, privé d'une partie de sa fortune par suite des emprunts forcés, il émigra durant huit années. C'est à lui que Félix, alors secrétaire d'ambassade, écrit le 10 octobre 1801, pour annoncer qu'il vient de rentrer à Paris porteur de la paix de Portugal[1]. Retiré à Ajaccio sous l'Empire, il y était en 1806, marié depuis deux ans et père de deux enfants. De

1. Pièce justif., n° XII.

moyens modestes alors, il se recommande à son parent le prince de Lucques[1]. Félix ne s'en soucia guère, ainsi que de toute sa branche, probablement parce qu'elle était restée royaliste. Sous Louis XVIII, ce Jean André devint maire et commandant de la garde nationale d'Ajaccio. Il dut même, en cette qualité, s'opposer, sans succès d'ailleurs, à l'entrée du roi Joachim à Ajaccio, en septembre 1815. Son petit-fils André Baciocchi, né de Claude-Félix-François-Antoine et ancien secrétaire général, habite aujourd'hui la Corse.

Ils étaient donc tous quatre, Joseph-Antoine, Jules-François, Jean-Baptiste et Jean-André-Louis, les cousins germains du père de Félix, et par conséquent les oncles à la mode de Bretagne de ce dernier.

La troisième ligne issue du lieutenant-colonel français Jean-André, est représentée aujourd'hui à Florence par le marquis Baciocchi,

---

1. Arch. Lucq. *Lettere private ai principi*, registre nº 199. Jean-André-Louis Baciocchi — Ajaccio, 29 novembre 1806, à Son Altesse Sérénissime.

grand propriétaire, et en Bretagne, par le jeune comte Camille Baciocchi [1].

Au milieu du xviiie siècle, existe un Nicolas de Baciocchi, époux de Anne-Rose Gozzi, qualifié d'*ancien* et d'*illustre chef*, dans l'attestation des magistrats d'Ajaccio de 1768 [2]. Cette déclaration cite aussi ses deux fils, un Jean-B. et un Joseph-François (probablement Joseph-Antoine cité ci-dessus) parmi les lieutenants du régiment corse de S. M. Très Chrétienne Louis XV, indice évident que les représentants du nom adhérèrent formellement à l'annexion de leur pays à la France, ce qui leur valut des persécutions du parti anglais, ainsi qu'aux Baciocchi des autres branches.

En 1790, ils virent leurs propriétés d'Ajaccio mises sous séquestre et Paoli prit un arrêté

---

1. Pour la clarté des Baciocchi, encore existant en Toscane, voyez aux pièces justif., n° V (fin de ce numéro) *note complémentaire sur les trois branches Baciocchi du* xviiie *siècle.*

2. Deux autres attestations du même genre, l'une de 1762, l'autre de 1773, sont conservées à Alexandrie, chez M. Joseph de Gropello. — Nous reproduisons celle de 1762, aux pièces justif. Voyez rubrique : *Les Baciocchi d'Alexandrie*.

contre eux qui les exilait à Terra Nova[1]. En 1792, l'un d'eux résidant en Corse alors, avait adhéré formellement au parti français par une lettre publique, en même temps que Benielli. Les Bonaparte le comptaient parmi leurs amis politiques[2]. Puis, comme les vexations continuaient, la plupart, pour y échapper, passèrent en Italie, d'où ils ne revinrent qu'en 1801.

Leur adhésion à la France remontait même déjà à près de vingt ans. En effet, conformément à l'édit de Louis XV, du mois d'août 1770, le Conseil supérieur siégeant à Bastia, par arrêt du 21 février 1771, reconnut les Baciocchi comme nobles. Soixante-treize autres familles appartenant à l'île de Corse, se virent décerner la même investiture. Dans les pièces qui furent

1. « ..... *per accomodare, signori Baciocchi, i vostri affari in Ajaccio, vi prego di accettare l'arresto ritirandovi in Terranova, loco destinato a questo fine : mi darete riscontro di aver ricevuto questo biglietto.*

« *Vostro devotissimo servo Pascal Paoli.*

« *Bastia,* 12 *agosto* 1790 ».

(Copié en 1894, sur l'original appartenant à M. André Baciocchi.)

2. *Nap. inc., opus cit.*, voyez p. 390, 1ʳᵉ ligne, et p. 395, Louis à Joseph, 24 mai 1792, t. II.

présentées au procureur général du roi, on lit
que Benoît Baciocchi est le plus ancien de la
famille; sa filiation est établie jusqu'à Thomas,
désigné comme noble de première classe. Le
roi homologua par lettres patentes du 7 juin
1780 « de notre règne le 16e », l'arrêt du Conseil concernant les Baciocchi « inscrits tout au
long sur le registre des familles ayant fait
preuve de deux cents ans de noblesse ». Aussi,
en 1789, leur famille fut-elle comprise parmi
celles dont les membres prirent part aux assemblées du premier Ordre privilégié[1].

A la fin du xviiie siècle, les représentants du
nom apparaissent assez nombreux et continuent
presque tous les traditions guerrières de leur
race.

Le premier fils de Nicolas, le lieutenant Jean-
Baptiste Baciocchi, est celui qui s'occupa de
dresser la généalogie de la famille.

On peut vérifier l'assertion de cette généa-

---

1. De la Roque et Barthélemy. *Catalogue de la liste
des gentilshommes de l'île de Corse qui prirent part aux
assemblées de la noblesse.*

logie, en ce qui concerne sa carrière militaire et celle de son frère. Les États ou Annuaires de l'armée datant de l'époque, citent deux Baciocchi servant au régiment d'infanterie de ligne Royal-Corse, mais seulement à partir de 1775 pour le premier et de 1780 pour le second. Cela tient à ce qu'entre 1770 et 1775, les États militaires ne donnent les noms que des officiers supérieurs et des capitaines.

En 1775 donc, année où les lieutenants figurent pour la première fois à l'Annuaire, un Baciocchy (sic) — le prénom n'est pas indiqué — est porté parmi les officiers avec le grade de capitaine en second. C'est Joseph-Antoine. Le régiment qui redevient 87ᵉ comme rang, tient alors garnison à Marseille. De 1776 à 1780, le Royal-Corse, passant successivement comme rang par les nᵒˢ 88ᵉ et 100ᵉ, tient garnison à l'île de Ré, à la Rochelle, au port Louis et à Dinan. Il comprend toujours parmi ses capitaines un Baciocchi passant premier commandant à l'ancienneté en 1780, évidemment encore Joseph-Antoine. Cette année-là seulement, apparaît pour la première fois un Baciocchi, sous-lieutenant, toujours sans prénom. Il s'agit ici de Jean-Baptiste[1] ou de Félix.

D'après ses « états de services », Félix[2] fut nommé sous-lieutenant au Royal-Corse, le 29 novembre 1778, à l'âge de seize ans et demi, fait qui n'a rien d'étonnant, car à la création du corps en 1739, et lors de sa reconstitution en janvier 1766 (ordonnance du 15 novembre 1765), on donna des grades aux officiers sans qu'ils eussent servi régulièrement, pourvu qu'ils fussent indigènes et fils de famille influentes[3].

Or, la sienne, comme l'attestent les actes, l'était et comptait parmi celles ralliées au roi. Il importait au gouvernement de ne pas l'oublier. Il y a mieux : la sœur de Félix, Angèle-Maria, allait bientôt épouser un des officiers de ce même Royal-Corse, M. de Rossi[4]. Tout

---

1. L'auteur de la généalogie.

2. Arch. de la guerre et pièce justif., n° VII.

3. Renseignements fournis par M. G. Cottreau en 1893. — Il y avait toutes sortes de privilèges pour ceux qu'on appelait alors les cadets gentilshommes ; Napoléon eut également son premier grade à l'âge de seize ans quinze jours. (Masson).

4. Il s'agit probablement ici de Camille de Rossi,

poussait donc le jeune homme vers la carrière des armes comme ses ancêtres. Il l'embrassa, et nous le considérons comme étant le sous-lieutenant sans prénom porté à l'Annuaire de 1780.

Mêmes citations aux annuaires entre 1781 et 1785; dans l'intervalle, le régiment tient successivement garnison à Strasbourg et à Arras, ayant le numéro 100 comme rang. En 1785, on commence à apercevoir un troisième représentant du nom comme sous-lieutenant, nommé Pietro Baciocchi — Pierre-Marie (fils de Jules-Etienne), né le 18 février 1763, entré au service en qualité de cadet gentilhomme, mort en congé de semestre, à Ajaccio, le 13 janvier 1788.

Il y a donc en 1786, à Arras, un Baciocchi sans prénom, capitaine-commandant — Joseph-Antoine — un sous-lieutenant qui est Félix, et enfin un Pierre Baciocchi, autre sous-lieute-

mais sous réserves. La distinction à faire entre les nombreux officiers corses de ce nom, à l'époque de la Révolution, ne peut être garantie par nous dans le présent ouvrage, que pour les enfants d'Angèle-Maria Baciocchi, c'est-à-dire pour les neveux de Félix et d'Elisa, que nous retrouverons plus tard à Lucques, etc.

nant dont nous venons de parler. Félix est encore désigné comme sous-lieutenant à l'Annuaire de 1787, car il ne passe lieutenant que
le 29 juillet de cette année-là.

Mais en 1788, le Royal-Corse est réformé.
Douze bataillons de chasseurs à pied étant
constitués par ordonnance du 17 mars 1788,
les 3e et 4e bataillons se recrutent dans le ci-
devant Royal-Corse. Le 3e bataillon s'appelle
« chasseurs royaux corses », garnison : Vienne,
lieutenant-colonel commandant : Camille de
Rossi, chevalier de Saint-Louis [1], et Baciocchi,
major, nommé le 15 septembre 1789 suivant
l'Annuaire, et le 20 avril 1788 suivant une note
manuscrite attribuée à Joseph-Antoine. Ce Ba-
ciocchi-là, est le même Joseph-Antoine, le
colonel qui se fixera à Avignon ; Félix est lieutenant en second au même bataillon ; Pierre,
sous-lieutenant *au même*.

Le 4e bataillon, dit chasseurs corses, est au
Puy, puis va à Mont-Dauphin en 1789. Cette
année-là, le major Baciocchi est porté comme

1. Cet officier fut guillotiné un peu plus tard pour
son attachement aux Bourbons.

chevalier de Saint-Louis, grade auquel il fut nommé le 4 mai 1788, tandis qu'un Andréa Baciocchi apparaît pour la première fois sur l'Annuaire comme sous-lieutenant; c'est plus exactement Jean-André, chef de la future branche de Florence, dont nous parlons plus loin [1]. Il était frère de Pierre Baciocchi décédé l'année précédente. En effet, ce Pierre disparaît de l'Annuaire.

En 1790 et 1791, le 3e bataillon est à Grenoble. Félix et André sont toujours sous-lieutenants en 1792 [2].

Quand, en 1793, le 3e bataillon est à l'armée d'Italie, le lieutenant-colonel Baciocchi ne figure plus sur l'état, — il émigre, — il est remplacé. Supprimé aussi le nom d'Andréa. Seul Félix reste et passera capitaine au 3e bataillon d'infanterie légère le 16 avril.

Laissons un instant Félix, qui nous intéresse le plus, pour chercher à jeter un peu de clarté

---

1. Voyez aux pièces justif., fin n° V — ses états de services — rubrique : *Les Baciocchi dans l'armée française.*

2. C'est une erreur pour le second; il est lieutenant alors.

sur d'autres Baciocchi, dont on retrouve mention. L'étude des archives de Lucques indique un Baciocchi, sans prénom, capitaine au Royal-Corse en 1775 et 1776, qui est bien Joseph-Antoine. Il existe aussi un autre Camille[1] d'Ajaccio qu'on voit en 1811, au milieu d'un certain nombre de ses pays, suivant l'expression d'alors, capitaine au bataillon de Piombino, dans la Principauté de son parent le prince Félix[2]. L'état nominatif des Français au service de Lucques, dressé le 13 janvier 1812, le qualifie bien : « *ancien capitaine au Royal-Corse* ». Ce Camille appartient à la troisième ligne déjà signalée, celle qui a encore aujourd'hui des survivants en Toscane. Il était donc frère du commandant Jean-André Baciocchi dont nous parlerons plus loin.

Mais de tous les membres de cette famille qui servirent la France, les deux sujets les plus distingués — Félix étant mis à part —

---

1. Né en 1782, fils d'un Jules Etienne. Sa première femme fut Marie-Xavière Rossi, fille de Nicolas Rossi et d'Angela-Maria Baciocchi née en 1758, sœur du prince Félix (*manuscrit généalogique*, p. 64).

2. Aff. étr. Lucques, V, feuillet 131.

furent les officiers suivants appartenant l'un à
la deuxième, l'autre à la troisième ligne précitée du xviii° siècle.

Cousin germain du père du futur prince de
Lucques, et né le 5 janvier 1749 à Ajaccio, de
Nicolas et de Anne-Rose Gozzi, Joseph-Antoine
Baciocchi Adorno était entré en 1764 dans les
rangs français. Chevalier de Saint-Louis,
comme on sait, dès 1788, et lieutenant-colonel
des chasseurs royaux corses en 1789 [1], Joseph-
Antoine était resté fidèle à la cause des Bourbons durant la Révolution. Emigré avec ses
trois frères en 1792, il fit la campagne à l'armée de Condé en 1799, 1800 et 1801, et y devint colonel. Celle-ci dissoute, Joseph-Antoine
retourna avec ses frères en Corse.

Grâce à son nom et à sa parenté avec un
allié du chef de l'Etat, sa faute s'oublia, et,
rentré en France, il fut, à la date du 2 octobre
1802, nommé commandant d'armes du fort
Lamalgue, près Toulon, puis en la même qua-

1. Voyez pièces justif., n° V, rubrique : *Les Baciocchi
dans l'armée française.*

lité à Avignon, le 7 juillet 1803. L'appui de Félix ne lui manqua pas. Le 27 vendémiaire an XIII (19 octobre 1804), il passait sous-inspecteur aux revues. Ayant épousé à peu de temps de là, le 6 novembre 1804, une jeune fille d'Avignon, Mlle Sylvie de Merles de Beauchamps, il postulait cette résidence. L'Empereur, en tous cas, signa à son contrat de mariage. Il demanda alors un congé pour assister au sacre, voulant « participer au bonheur de tous les Français[1] ». Le 27 mai 1806, il écrit au prince Félix pour obtenir une préfecture ou le titulariat à la place d'inspecteur aux revues[2].

On le retrouve attaché au quartier impérial de la Grande-Armée durant la campagne de 1807; à Paris en 1810, postulant toujours Avignon pour résidence fixe et de l'avancement[3]. Le 23 juin 1810, l'Empereur le nomme membre

1. J. A. Baciocchi, 12 brumaire an XIII, d'Avignon au prince Baciocchi (Arch. Lucq. secrétairerie d'État) *Lettere private ai principi*, 1803-1805, registre n° 198.

2. Arch. Lucq. *Lettere private ai principi*, reg. n° 198.

3. Pièces justif.. n° V. *Lettere private ai principi*. Liasse n° 204, et J.-A. Baciocchi à Son Altesse Impériale, à Paris, 7 juillet 1810.

de la Légion d'honneur. En 1811, il exerce à Montpellier (9ᵉ division militaire) les fonctions de sous-inspecteur de 2ᵉ classe aux revues[1]; après le 20 mars 1815, il renonce à cet emploi volontairement, et, au retour des Bourbons, une ordonnance du 31 mai 1816, le met à la retraite pour ancienneté de service. En 1816, il fut nommé officier de la Légion, et créé baron le 12 février 1817[2].

Le sous-lieutenant du Royal-Corse (infanterie), André, — qui est peut-être un descendant d'un autre André, jadis serviteur (*familiare ducale*) de la duchesse Marie Visconti, veuve

1. Voyez Almanach impérial. Testu, 1812, p. 334, et sa lettre du 10 juin 1811 à Elisa, datée de Montpellier, relative à la mort en bas âge du fils de cette dernière (Arch. Lucq.).

2. Cet officier eut un fils nommé Eugène qui avait épousé Mˡˡᵉ de Saint-Arcou et habitait le département de Vaucluse. Il est mort il y a une vingtaine d'années. Son grand ami, feu l'écrivain M. de Pontmartin, lui a consacré dans les *Débats* un article nécrologique très intéressant par les renseignements qu'on y trouve sur les relations de la famille Baciocchi avec la famille Bonaparte. — Eugène a laissé un fils encore vivant, M. Robert de Baciocchi.

de François Ier Sforza, duc de Milan [1]. — dont
il a été question, mais en tous cas fils de Jules-
Etienne et de Madeleine, s'appelle de ses prénoms Jean-André et était né le 19 juin 1770, à
Ajaccio. Il a eu une carrière courte dans l'armée; sous-lieutenant au régiment Royal-Corse
infanterie le 21 juillet 1787, lieutenant au
5e d'infanterie le 15 septembre 1791, capitaine
à la 105e demi-brigade d'infanterie de ligne le
9 mars 1793, capitaine à la 45e demi-brigade,
idem, en 1797; il devint chef de bataillon le
28 mars 1800.

Après avoir fait les campagnes du Nord en
1792 et 1793, celles de Sambre-et-Meuse en
1794 et 1795, il fut attaché à l'armée d'Italie,
notamment à l'état-major du corps d'observation du Midi, en novembre 1800. Employé en

---

1. *Storia genealogica delle famigli illustri italiane*,
Vol. 1, Florence, gr. in-4, 289, chez Diligenti. — Il
n'y a là qu'induction, en tous cas une supplique
adressée d'Augsbourg, le 5 septembre 1807, à Elisa, par
un Jean-Marie Baciocchi à l'effet d'obtenir des secours,
contient cette phrase : « Jetez, augustissime princesse,
des regards gracieux sur le nom que je porte, héritage
précieux d'un père honnête *d'origine lombarde* et ne
souffrez pas, etc... (Arch. Lucques. *Lettere private ai
Principi Baciocchi*, carton registre 201).

Toscane le 22 mars 1801, il commande la place
de Pistoie dès la fin de juin de la même année [1],
et passe en la même qualité à Pise le 22 décembre 1802. Mais bientôt promu lieutenant-
colonel adjoint à l'état-major de l'armée d'Italie,
admis dans la Légion d'honneur, il fut employé
sous les ordres du général de division Verdier,
qui commandait les troupes françaises déta-
chées en Étrurie (décembre 1805).

Des lettres de lui prouvent qu'il était à Florence le 26 janvier 1806, retour d'une mission
à Rome; à Pise le 5 mars de la même année,
indice évident qu'il rendit visite à son cousin
le prince de Lucques; de nouveau à Florence
en mai. Cherchant sa voie à cette époque, il fit
une démarche auprès de Félix, afin d'obtenir
d'entrer dans la diplomatie [2]. Mais le ministre
de la guerre ne goûta pas ce projet de permu-
tation avec conservation du grade et refusa son

1. Voyez pièces justif. n° V, sa lettre datée de Pistoie, 26 juin 1801.

2. Pièces justif., n° V, à sa date. — Le ministre de
France à Florence, Beauharnais, au ministre des aff.
étr. Florence, 13 mai 1806, puis le lieutenant-colonel
Baciocchi à la princesse. Florence 18 mai 1806 (Arch.
Lucq. *Lettere private ai principi*, vol. 199).

autorisation par lettre du 6 août 1806. En juin 1807, le ministre français auprès de la cour d'Etrurie, d'Aubusson, y fait aussi allusion [1]. Retraité en 1810, il se fixe à Florence: il y avait contracté, en 1802, un brillant mariage. Ses descendants existent encore en Toscane [2].

Quant à Pierre Baciocchi, sous-lieutenant aux chasseurs corses de 1785, jusqu'à sa mort (1788), les détails manquent sur lui; il ne faut toutefois pas le confondre, comme pourrait y prêter son prénom, avec son homonyme d'une branche de la famille passée en Allemagne bien avant la Révolution, probablement après l'insurrection victorieuse des Corses contre les Génois, qui prit naissance en 1729.

Il est question de cette branche dans la généalogie manuscrite. « On trouve à Bonn, ville de l'électorat de Cologne, en Allemagne, dit une note de ce mémoire, datée de 1787, les descendants de quelqu'un qui portait le nom de la famille Baciocchi et où il s'était établi. Les

1. Aff. Étr. Toscane, 159, n° 120. Sa dépêche à Talleyrand du 18 juin, et notre ouvrage *Le Royaume d'Etrurie*, p. 210.
2. Pièces justif., n° V (à la fin dudit numéro).

descendants de celui-ci y ont des biens et maison ouverte.

« Le premier qui s'établit à Bonn s'appelait Joseph-Antoine Baciocchi et eut quatre fils, deux desquels moururent; les deux autres vivent encore. Le premier s'appelle Nicolo-Joseph et prend le titre de baron. Il se trouve cette année à Paris, en qualité de voyageur. J'ignore le nom du second. Je sais cependant qu'il est au service de l'Électeur avec le grade de capitaine et quartier-maître général chargé de payer les troupes que l'Électeur de Cologne tient à son service. »

Le nom du second figure dans une pièce authentique, aux Archives Nationales. — C'est un autre Pierre Baciocchi, qui quitta le service de France... pour entrer à celui de l'archevêque de Cologne. Il s'était en tout cas, retiré dans les premières années de l'Empire à Bonn, alors sous-préfecture du Rhin-et-Moselle, auprès de son frère. Cela résulte d'une pétition qu'il adresse au prince Félix en 1806, où il se plaint que sa famille, ruinée sous la Révolution par certaines malversations commises à son préjudice et, en outre, inscrite indûment sur la liste des émigrés, n'a pu jusqu'à présent, et malgré toutes ses démarches au ministère, profiter des dispositions légales rendues en l'an X, en faveur des étrangers; qu'elle est encore en instance et se trouve de ce fait ruinée et dans la misère ; qu'il a besoin de sa protection pour faire admettre définitivement ses droits [1]. En août 1806, Elisa transmettra son vœu à l'Empereur.

Nous avons quitté Félix au moment où il venait de passer capitaine au 3e bataillon d'infanterie légère. Il ne put jouir longtemps de ce nouveau grade : le 10 mars 1794, en pleine Terreur, il fut en effet destitué et remplacé. Il dut même émigrer pour se soustraire aux Jacobins, et ne rentra en France qu'après thermidor. « C'était un jeune officier distingué sous tous les rapports [2]. »

S'étant retrouvé à Nice avec son concitoyen Lucien, commissaire des guerres, il avait fréquenté à Marseille les Bonaparte et leur avait montré de l'attachement. Il n'était d'ailleurs

1. Voyez l'une des pièces justif., sous le n° V, lettre C.
2. *Mémoires du roi Joseph* (attest. de Joseph), I, 65.

pas un inconnu pour eux; compatriote et descendant d'une famille qui s'était autrefois alliée à la leur, Mme Lætitia et ses filles l'accueillirent en parent et lui donnèrent asile dans leur propre maison. Félix en profita pour faire sa cour à Marie-Anne. Cette nouvelle relation ne faisait que renouer les rapports, car les Baciocchi voyaient les Bonaparte à Ajaccio, avant la Révolution; ils se fréquentaient même beaucoup : leurs hôtels se touchaient presque. Ils sont, notamment le 24 septembre 1778, invités à la cérémonie et aux fêtes du baptême de Louis (le futur roi de Hollande), par Charles et Lætitia. M. le gouverneur de la Corse comte de Marbeuf est le parrain[1]. En 1781 un capitaine au régiment Royal Corse, oncle de Félix, étant venu en congé à Ajaccio, offrait à Charles Bonaparte de conduire à Autun, au petit séminaire, son troisième fils Lucien, qui se destinait à l'état ecclésiastique. Cet oncle à la mode de Bretagne était Joseph Antoine, dont il a été parlé. Sa proposition n'ayant pu être acceptée, parce que son oncle Fesch s'est chargé de

1. Iung. *Bonaparte et son temps*, I, 67.

cette mission[1], Baciocchi regagna sa garnison
de Strasbourg, sans avoir déposé au passage
à Autun son jeune compatriote. Ce fait qui
n'a rien de fortuit atteste, comme les précé-
dents, combien les deux familles avaient de
liens[2].

A la fin de 1796, Félix demanda la main
d'Elisa et l'obtint. Presque à la même époque
et aux mêmes lieux, — à Toulon comme à Marseille, — un autre officier de fortune, le valeu-
reux Leclerc, était agréé comme fiancé par la
deuxième sœur du général, la belle et langou-
reuse Pauline, en attendant qu'un troisième
soldat, parvenu au grade de général de division
par ses hauts faits, épousât à son tour, deux
ans plus tard, la très jolie et très piquante
Caroline. La carrière militaire décida donc les
unions de ses sœurs avec des compagnons
d'armes, et chacun d'eux, en bons alliés qu'ils
sont ou méritent d'être, Baciocchi, Leclerc et
Murat, se trouvera à Paris juste à temps pour

1. En 1783 suivant Masson (*Nap. inc.*), I, 78.
2. Iung. *Bonaparte et son temps*, p. 89.

aider son beau-frère ou futur beau-frère dans son coup d'État du 18 brumaire.

Les père et mère de Félix s'appelaient François Baciocchi et Flaminia Benielli [1], cette dernière appartenant à une famille distinguée indigène, alliée déjà aux Paravicini, aux Bonaparte et aux Arrighi de Casanova [2].

Leur progéniture fut nombreuse : neuf enfants, cinq fils, dont deux moururent sans postérité, et quatre filles [3]. Félix naquit le

1. Le contrat de mariage de F. Baciocchi et de Flaminia Benielli fut reçu le 11 juillet 1735. La mère du futur prince mourut le 22 fév. 1769 (*Manuscrit généalogique*, p. 44). François, son père, décéda en 1779.

2. F. Masson. *Napoléon inconnu*, I, 9 (en note) et 12 (note 2).

3. A savoir :

Bernard (pas de postérité).

Jules-Étienne, qui se fit abbé (*idem*).

Joseph-Antoine, grand-père du surintendant, épousa une Agostini de Massa, et décéda le 10 mai 1794. Ses enfants moururent en bas âge. Un seul, François, épousa une Péraldi, fut le père du comte surintendant de Napoléon III. Il avait été consul général de Gênes en Corse, avant la réunion à la France. Sa nomination à ce poste fut signée en 1803 par Durazzo. — (Arch. de la famille Baciocchi chez M. Bouley à Ajaccio).

Marc-Ariotto.   }
Paul-François. } Morts jeunes.

18 mai 1762, à Ajaccio : il avait donc quinze ans
de plus que sa femme, Marie-Anne-Elisa[1].

Le mariage civil des nouveaux époux eut
lieu à Marseille, le 1er mai 1797 (12 floréal
an V), et non le 5 mai, comme l'ont dit jusqu'à
présent trop d'insuffisants biographes[2]. Mme Lætitia Ramolino assistait Elisa en cette grave
circonstance, avec ses deux autres filles, en
admettant que l'une d'entre elles, celle que les
chroniqueurs italiens signalent positivement
comme accompagnant Bonaparte et Joséphine

Maria-Bettina, épousa Cattaneo.
Paola-Françoise, épousa Pierre-Paul Cunéo d'Ornano.
Angèle-Maria*, épousa Nicolas Rossi, fils de Pascal
    Rossi. (Le mariage fut célébré en 1776.) Ce Nicolas
    Rossi est mort en 1819.
Marie-Madeleine, épousa André Ramolino (cousin ger-
    main de Mme Mère).
    1. Pièce justif. no VI.
    2. Pièce justif. no VIII.

* Nous avons trouvé aussi mention (corresp. priv. des princes
arch. Lucq. reg. 198) d'une Mariuccia Baciocchi, femme de
Rossi, lieutenant au 1er bataillon d'infanterie légère corse à
Ajaccio en 1804. C'est probablement la fille de cette personne,
car en demandant à Elisa de l'appui pour l'avancement de
son mari elle l'appelle *tante*.

à Modène, en février 1797[1], sans la nommer, en l'espèce Pauline, ait rejoint sa mère avant la fin d'avril[2].

Quant aux fils, éloignés de Marseille, ils sont à leurs postes. Lucien, celui qui devrait le moins manquer à la cérémonie, — n'est-il pas frère de prédilection d'Élisa? — s'abstient d'y

1. Arch. communales de Modène. Recueil manuscrit d'un contemporain Rovatti, volume de 1797, 1re partie, — et la *Storia di Modena*, rédigée pour toute la partie moderne, d'après ce recueil. T. IV, 596-597 (Angelo Namias, éditeur, 1893, in-8). Un patriote français, feu M. Eugène Trolard, dans son livre intitulé : *De Montenotte au pont d'Arcole* (Savine), désigne Elisa comme celle des sœurs du général l'accompagnant à Bologne en février et mars 1797.. En tous cas, le séjour intermittent de février 1797 à Modène, fut réjoui par l'annonce de la prise de Mantoue. Après le spectacle du jour, le général assista à un bal au vieux théâtre Rangone où Mme et Mlle Bonaparte dansèrent avec les officiers français, notamment *la Monaco*. Rovatti, auteur d'un manuscrit intitulé : *Cronaca modenese* conservé à l'*Archivio municipale* de Modène, donne la musique de cette danse. Il y eut ensuite souper chez le citoyen Raymond Montecuccoli, membre de la régence modénaise, etc., etc.

2. D'après Masson, Pauline ne quitta pas Joséphine et le général resta avec elles en Italie, jusqu'à l'arrivée à Mombello.

paraître; il délègue le rôle de témoin à son secrétaire, Pierre Faure, demeuré à Marseille. Son absence sera regrettée, car il a été le parrain de Baciocchi et, en outre, il se trouvait vraisemblablement à ce moment à Bastia, ville peu éloignée de Marseille, où il avait été envoyé comme en disgrâce, depuis son départ volontaire de l'armée du Rhin, suite d'une brouille survenue entre lui et l'ordonnateur de la division.

Il est vrai qu'éprouvant peu de goût pour les fonctions de commissaire des guerres, il avait demandé au directeur Barras un congé pour son pays natal, sous prétexte de rétablir sa santé[1]. Il nourrissait déjà *in petto* l'espoir d'y chercher dans la politique une position moins subalterne et plus en vue. Bonaparte, son frère, s'en défiait, aussi était-il intervenu[2] pour le retirer de Marseille, où il s'était un instant rendu et y avait retrouvé ses détestables relations d'antan, et pour lui conserver sa place : il y avait réussi.

1. Lucien à Barras, Strasbourg, 8 vendémiaire, an V. *Bulletin d'autographes Charavay*, n° 277 (1897).
2. Bonaparte à Carnot (juillet). Lettre citée par Iung. *Lucien et ses Mémoires*, I, 149, 150.

Joseph ne pouvait quitter Parme, où il était résident de la République auprès du duc régnant, absorbé qu'il était par les événements d'Italie, d'ailleurs à la veille d'être envoyé comme ambassadeur à Rome (6 mai).

Louis faisait la campagne en qualité de capitaine au 5ᵉ hussards; quant à Napoléon, dont on ne fait qu'alors entrevoir la suprématie croissante, il était retenu par ses hautes fonctions à l'armée d'Italie, avec ses futurs beaux-frères, Leclerc et Murat, et, coïncidence curieuse, à quatre jours de la célébration des noces, le 5 mai 1797 (16 floréal an V ou le sextidi), il signait à Milan la nouvelle constitution démocratique de Venise.

De cérémonie religieuse il ne pouvait être question et elle avait été forcément reculée, le culte non encore rétabli officiellement manquant d'organisation.

Jérôme, le plus jeune fils, vivait encore, il est vrai, avec sa mère, à Marseille; mais il ne comptait guère, n'ayant que douze ans. Les témoins des époux sont des personnages obscurs, compatriotes réfugiés comme eux à Marseille, dont l'un est l'ancien secrétaire général de la Corse, l'autre un sieur Massoni, dénommé « aide de camp ». — Rien de bien brillant en somme; toutefois, position honorable du côté de l'époux, nom militaire, certaine fortune, avenir probable et noblesse égale à celle des Bonaparte.

Cette union, qualifiée après coup d'amourette par quelques-uns, déplut au général qui était déjà en droit de rêver plus hautes alliances pour sa famille, mais Mme Lætitia aimait Baciocchi et passa outre. Le mariage se fit donc sans l'aveu de Bonaparte et justifiait déjà les paroles qu'on lui prête un peu plus tard à propos du choix fait par ses sœurs Caroline et Elisa : « Leur cervelle enflammée n'a consulté que le volcan de l'imagination ; j'avais d'autres vues. » Néanmoins, quand il en eut pris son parti, il ne s'occupa plus que de la fortune de son beau-frère. Suivant des écrivains mieux informés, Michaud notamment, qui s'appuient sur des journaux du temps, Bonaparte ne vit pas d'un mauvais œil cet établissement ; il lui donna son approbation et le fit voir.

Il la donna en effet cette approbation, peu de temps après, et même si bien, que de concert avec ses frères Joseph et Louis, il régla et signa le contrat de mariage de sa sœur, cet acte ayant été, du consentement de Baciocchi, ajourné à une date ultérieure, lors de la première réunion de famille. Comme on le voit, la confiance régnait.

Félix ne paraît pas avoir consulté l'intérêt financier pour ce mariage. Les Bonaparte alors n'étaient pas riches et ce qu'on a coutume de faire passer avant le sacrement, *la question de dot*, était renvoyé par lui au second plan, indice certain d'un amour conçu et partagé.

A vrai dire pourtant, leur fortune s'était beaucoup améliorée, principalement depuis un an. L'économie aidant et surtout la rentrée d'assez nombreux héritages et de quelques legs inattendus ont changé la situation fort modeste qu'avaient Charles et Lætitia en 1769. Aujourd'hui (1797) l'avoir des enfants Bonaparte se monte à plus de 300,000 livres, exactement à 320,000 [1]. Mais comme ce capital est à diviser

1. Masson. *Napoléon et sa famille*, I, 6 et 190, 191. — L'importance en est à peu de chose près conforme au dire d'un contemporain : « Après l'élévation de Napo-

en huit, la part de chacun ressort à 40,000 livres ; d'ailleurs comme tous ces héritages, bien qu'acquis, ou ne sont pas encore matériellement réalisés, en Corse, ou que la liquidation en est pendante, les trois frères Joseph, Napoléon et Louis (Lucien boude et est à l'index), — sûrement garantis par des réalités, — font l'avance de la dot *numéraire* à leur sœur Elisa et comptent entre les mains de son mari, à Milan, le 6 juin suivant, par devant notaire, la somme de 35,000 livres tournois, son complément à concurrence de 40,000 étant par eux également abandonné en lopins de terre, qu'on suppute logiquement représenter les 5,000 livres restant, puisque le contrat se tait sur leur valeur. Par contre, les deux époux renoncent à toutes successions actuelles ou à venir.

La part d'Elisa est égale à celle de ses frères. Dans celle-ci n'entre aucun don, bien entendu.

léon Bonaparte, le cardinal Fesch, frère utérin de Mme Lætitia, eut la fantaisie d'acheter tout ce qui avait été possédé par sa propre famille et par celle de l'époux de sa sœur ; et de la réunion de toutes ces propriétés, il se forma un revenu d'environ 20,000 francs. » *Mémoires secrets sur Lucien Bonaparte* (attribués à M. de Châtillon), I, p. 4. Paris, in-12.

venant de la fortune personnelle du général Bonaparte, qui pourtant en ces années de guerres et de rapines, s'élève aussi et sans bruit. Les libéralités du général à sa famille viendront plus tard et seront larges. Il ne s'agit donc actuellement que de la fortune familiale.

Les sommes souvent secrètes que les officiers généraux tireront de l'Italie et d'ailleurs, par l'entremise des commissaires aux armées, constitueront peu à peu un douaire à Bonaparte tout comme aux autres et formeront, jointes à sa part patrimoniale de 40,000 livres, pareille à celle des siens, les éléments d'un autre capital bien plus considérable dont ces frères et sœurs profiteront un jour, grâce à sa générosité. Il en sera question plus tard.

En tous cas, sitôt après la célébration des noces, profitant du premier répit des événements, les jeunes époux Baciocchi et Mme Lætitia songèrent à rendre visite au général; sa qualité déjà implicitement reconnue par tous de chef, leur en imposait le devoir. N'était-il pas devenu l'homme le plus populaire de France? Sa famille ne lui devait-elle pas un relèvement envié et presque inimaginable, tant ses actions dépassaient l'éclat ordinaire? Aussi ne se fit-elle pas prier longtemps.

La nouvelle de cette démarche fut bien accueillie par le général qui, installé alors à Mombello [1], propriété des Crivelli, pour attendre l'effet des préliminaires de la paix, signés le 18 avril précédent au château d'Enkenvold, près de Léoben, goûtait un repos bien gagné. Déjà, en leur annonçant les victoires qui terminaient la campagne, Bonaparte n'avait pas eu grand'peine à décider son oncle Fesch, et son frère aîné Joseph, alors ministre plénipotentiaire de la République Française à Rome, de venir le rejoindre à Mombello. Il avait, du reste, besoin d'eux : car, après la phase sanglante des combats, il voulait donner tous ses soins aux occupations de la paix et régler sans répit l'organisation de l'Italie. La place de ces deux diplomates était donc marquée à Mombello au milieu des ambassadeurs d'Autriche, de

1. Château sur une hauteur, à trois lieues de Milan, près la commune de Bovisio, que traverse la route de Milan à Côme. Voyez pièce justif., n° IX, notre description de cette résidence.

Naples, de Sardaigne, de Gènes, de Venise, de
Parme, des Cantons suisses et de plusieurs
petits États d'Allemagne. En juin 1797, on y
voyait, par exemple, Serbelloni, le marquis de
Gallo, le citoyen Faipoult, ministre français à
Gênes, des députés de la Ligurie, puis Miot,
Aldini, Paradisi, Caprara, Visconti, Somma-
riva, Melzi, Litta, etc. [1]. Il y avait là aussi, entre
temps, les généraux Kilmaine et Berthier.

Fiers de revoir Napoléon ainsi entouré et au
comble du prestige acquis par sa valeur, désireux, en outre, d'assister au double mariage
religieux d'Elisa et de Pauline, dont il était
déjà question, presque tous les membres de la
famille se rendirent donc au quartier général.
Lucien seul manquait à l'appel et pour cause :
car depuis 1793, son exaltation d'esprit dans le
sens jacobin, ses compromettantes relations
politiques, un mariage mal assorti et contracté
à l'insu des siens, son indiscipline et sa déser-

1. Consultez les journaux du temps *Gazetta enciclope-
dica di Milano* et les *Notizie politiche di Milano* et Trolard, *De Rivoli à Marengo*, 1893, Savine, 367 et suivantes,
1 vol. in-12.

tion de l'armée du Nord, avaient très justement mécontenté Napoléon. Un froid en était résulté qui durait encore. Quant à Louis, le très jeune capitaine, il servait déjà depuis le 22 brumaire an IV (12 novembre 1795) aux côtés de son frère.

Dans les premiers jours de juin 1797, époque de leur arrivée à Mombello[1], Bonaparte, avec Joséphine, se porta au-devant de ses hôtes si chers, les jeunes époux Baciocchi, sa mère, Mme Lætitia et sa sœur Pauline arrivant de Gênes. Joseph et sa femme puis leur oncle Fesch suivirent bientôt.

Les détails authentiques sur le passage à Gênes de Mme Lætitia, d'Elisa et de son mari, doivent être résumés. Pendant la seconde quinzaine de mai, Lavallette, aide de camp du général en chef, se trouvait en mission à Gênes, à l'effet d'obtenir du Sénat de cette république, une réparation pour certains outrages vis-à-vis de la France. La guerre pouvait en résulter et l'effervescence était grande. — « Je croyais, dit

---

1. On peut dire aussi Montebello, mais ce nom s'applique davantage au village situé près de Vicence, célèbre par nos victoires de 1800 et 1859.

Lavallette, pouvoir partir le lendemain (sa démarche était remplie), lorsqu'un bâtiment qui entrait dans le port me donna de nouveaux embarras. Il amenait Mme Bonaparte la mère, et deux de ses filles, connues depuis sous le nom de reine de Naples et de grande duchesse de Toscane, avec M. Baciocchi, marié nouvellement. »

« Ces dames n'avaient pas vu le général depuis plusieurs années; elles arrivaient de Marseille et croyaient l'Italie fort tranquille. Bonaparte n'avait pas reçu la lettre qui lui annonçait leur arrivée. Aucune mesure n'était prise, aucun ordre donné; les émeutes populaires pouvaient se renouveler, elles pouvaient en devenir victimes. Ma première pensée était de rester auprès d'elles, et de rassembler quelques moyens pour les défendre, si elles étaient attaquées. Mais Mme Bonaparte était une femme pleine de sens et de courage. « Je n'ai rien à craindre ici, me dit-elle, puisque mon fils tient en ses mains comme ôtages les personnes considérables de la République. Partez promptement pour le prévenir de mon arrivée, demain matin je continuerai ma route ». — Je suivis son conseil en prenant seulement la précaution de faire marcher au-devant d'elles quelques piquets de cavalerie que je trouvai sous ma main. Elles arrivèrent sans accident à Milan, un jour après [1] ».

La famille, réunie presque entière, offrait un réel contraste entre l'époque de son installation à Marseille en des jours sinistres, et celle-ci, où la gloire et la fortune présidaient déjà à ses destinées. L'union et l'affection régnaient entre ses membres, aussi, sans perdre de temps, dès les premiers jours, le 18 prairial an V (6 juin 1797), Félix et Elisa Baciocchi, Joseph Bonaparte, Napoléon, la citoyenne Marie Lætitia veuve Bonaparte, et Louis, signèrent à Milan, par-devant le notaire Jacques-Antoine Reyna [2], au contrat de mariage des nouveaux époux Baciocchi. Par cet acte important [3], il était stipulé entre les trois

1. *Mémoires et souvenirs du comte Lavallette*, publiés par sa famille et sur ses manuscrits. Paris, Fournier, 1831, I, 216.

2. Pièce justif. n° X. Texte original en italien et traduction en français.

3. Nous avons eu la bonne fortune d'exhumer une copie authentique sur timbre de cet acte, datée du

frères, Joseph, Napoléon et Louis, qu'une somme de 35,000 livres tournois — soit exactement 34,567 fr. 90 cent. 10,81e [1] — était versée par eux en une fois entre les mains de Félix et qu'ils abandonnaient en pleine propriété, et avec les pièces à l'appui, la terre de Campoloro, district d'Ajaccio (Liamone), dénommée *Torre Vecchio*, les vignes *del Vitullo* et les terres et vignobles dits de *Maria Stella*, le tout comme dot pour leur sœur Elisa, acceptant avec le consentement de son mari, qui augmentait de lui-même cette dot d'un tiers, en considération de l'accomplissement du mariage [2].

17 décembre 1816, au milieu d'une liasse de papiers intéressants provenant de l'ancien secrétaire d'Elisa, Eugène Le Bon. En outre, M. Eugène Trolard, dans son volume intitulé *De Rivoli à Marengo*, p. 374 et 375, révélait la découverte de l'original faite par lui à l'*Archivio notarili* de Milan sous le numéro 1205. Mais il n'en publie que les deux premières phrases.

1. D'après les tables de réduction de J.-F. Bœgner (petite brochure), Strasbourg, 1809; la livre tournois valait 98 cent., 62, 81e.

2. Pour calculer ce tiers, il faudrait connaître la valeur desdites terres, point qui nous échappe sous le double rapport de leur contenance et du taux auquel se vendait alors l'hectare. Quant au patrimoine de Félix, il consistait surtout en terres aussi : mais tout porte à croire

Une double cérémonie religieuse fut célébrée ensuite, exactement le 14 juin 1797 : le mariage de Pauline avec Leclerc, depuis peu nommé général de brigade, et celui des époux Baciocchi, ainsi que l'attestent des documents authentiques[1], et la même procédure fut suivie pour ces deux unions. Le généralissime demanda à l'évêque de Milan, Philippe Visconti[2],

que sa fortune personnelle devait être déjà plus élevée que celle de sa femme.

1. Vus par nous chez E. Charavay, en 1893, dans un important dossier sur la princesse Borghèse : procès-verbal de la dispense épiscopale et de la cérémonie, signé par le curé de Bovisio, corroboré par le livre des mariages de la paroisse de Bovisio, année 1797, feuilleté et copié par nous sur les lieux en septembre 1894. Voyez le document original. Pièce justif., n° XI.

2. De la grande famille milanaise de ce nom, mais de la branche Masino, de Novare. Nommé archevêque de Milan par Pie VI, le 25 juin 1784. L'empereur Joseph II (la Lombardie était alors autrichienne) estimant son caractère, l'avait admis parmi ses conseillers d'Etat privés. — Intervint en 1796, à Pavie, en s'efforçant d'apaiser le peuple révolté. — Mourut à quatre-vingt-deux ans à Lyon, en décembre 1801, au moment où il y était venu pour prendre part à la session de la Consulte italienne. On lui fit en cette ville des obsèques solennelles. (Voyez les *Lettres du député Valdrighi*, à ce propos, et le *Mercure de France*, du 16 nivôse an X, p. 150.)

l'autorisation de placer l'office dans la soirée, ne pouvant sans doute pas disposer des heures du jour, à cause de l'extrême chaleur ou de ses nombreuses occupations. La dispense étant obtenue, le curé de la paroisse de Bovisio, le sieur Brioschi, dressa l'acte auquel nous empruntons ces détails, « car c'est lui qui donna la bénédiction nuptiale » dans l'oratoire de Saint-François, à Mombello (chapelle privée de Saint-Pancrace), « à trois heures de nuit italienne », c'est-à-dire à onze heures du soir; Fesch et Leclerc servaient de témoins aux jeunes époux.

Des fêtes brillantes se succédèrent dans la résidence. Les nobles milanais, les hauts fonctionnaires et hommes d'État cisalpins, les membres du corps diplomatique, les généraux, ses aides de camp et ses proches, constituaient déjà autour de Bonaparte une cour improvisée. La vie était celle d'un château. Presque chaque soir arrivait de Milan la foule des invités, les uns en calèche, les autres en bastardelle, quelques-uns même — les officiers généraux — à cheval. Tous rentraient en ville fort avant dans la nuit, à la douce clarté qui tombe des étoiles sous ce beau ciel, et parfois les yeux encore tenus distraits par les paillettes sans nombre produites par les lucioles, le long du chemin[1].

Autour du château, un détachement de cavalerie polonaise de la première légion, récemment formée en Italie par Dombrowski, veillait. Ses uniformes bleu et amarante, le shapska légendaire, apparaissaient donc déjà à l'aurore de cette épopée pour y demeurer associés jusqu'à sa dernière heure. Ici, comme de coutume, Bonaparte avait fait preuve de flair. Aucune troupe ne valait celle-là pour la fidélité, et de ce noyau de patriotes sortirent les braves régiments qui, pendant vingt ans, connurent plus souvent les avant-postes et les missions difficiles que les délices de Capoue.

Après la journée consacrée au travail au milieu des sommités politiques, journée à peine coupée par un repas hâtif et pris seul ou par un tour dans les jardins ou les allées ombreuses et couvertes de treilles, s'ache-

1. Vers luisants, très nombreux en Italie

vaient les conversations importantes commencées dans la salle du conseil. Bonaparte, dépouillant l'homme d'État inflexible, était, le soir venu, un hôte modèle, présidant les grandes assemblées de gala. La musique des guides jouait pendant les repas[1], puis on servait le café et les glaces sur la terrasse.

Aux invités les plus habituels que nous avons déjà désignés, s'ajoutaient l'aimable et très capable général Clarke, aussi doué sous le rapport de la prestance que de la figure — la fortune ne l'avait pas encore gâté, alors; — sa conversation instructive, abondait en anecdotes piquantes et en observations judicieuses[2]; le séduisant Marmont, un instant amoureux de Pauline et, paraît-il, très goûté; le secrétaire Bourrienne, compagnon d'école du général; Lannes; Léopold Berthier, frère du ministre de la guerre, et Eugène de Beauharnais, encore très jeune. En dames, toutes celles ayant un nom dans l'aristocratie milanaise et quelques femmes d'officiers français, telles Mmes Léopold

1. Arnault. *Souvenirs d'un sexagénaire*, III, 35.
2. *Ibidem*, III, 47.

Berthier (future comtesse Lassalle), Dessolles,
Yvan.

Mme Léopold chantait des romances avec
talent; Arnault, le futur académicien alors
attaché à l'armée d'Italie, disait des vers, puis
l'on jouait aux petits jeux et souvent aussi chacun devait à son tour conter des histoires fan-
tastiques, sortes de monologues où l'esprit était
de rigueur. Clarke et le général y excellaient.

Mais les soirées n'étaient pas les seuls doux
passe-temps de ce séjour mémorable.

Il y eut, par exemple, une grande excursion
au lac de Côme (17 juin). Le général, avec sa
femme, ses sœurs et beaux-frères, Mme Joseph,
le marquis de Gallo et divers officiers s'y rendit, escorté par 75 dragons. Les autorités du
département du Lario, dont Côme était le chef-
lieu [1], lui avaient préparé une belle réception.
Le lendemain matin, reprise de la promenade
jusqu'à Lugano, avec une suite de 48 personnes
à cheval. Deux jours après, Bonaparte rentrait
à Mombello [2].

---

1. Côme comptait en 1810, 7,278 habitants.
2. *Il Corriere milanese*, n° 50, du 22 juin 1797 (Bibl.
de Brera, à Milan), p. 402.

Le 1ᵉʳ juillet, le généralissime, avec Berthier, sa suite et sa famille, vint à Milan assister à un repas que lui offrit le Directoire de la République Cisalpine. Le 9, eut lieu dans la même ville une fête de la Fédération, qui se célébra sur un vaste emplacement désigné par Bonaparte [1]. Celui-ci y parut avec les siens et, devant les députés et les magistrats, il passa en revue 10,000 hommes de troupes de ligne [2]. Les articles de la nouvelle constitution furent publiés en cette circonstance.

En parlant d'Élisa, à propos de son union, Joseph a écrit ceci : « C'est de mes trois sœurs celle qui, au moral comme au physique, avait le plus de traits de ressemblance avec Napoléon [3]. » Jugement des plus vrais, que ne contrediront point les actes et toute l'étude du ca-

---

1. *Gazzetta di Bologna*, nᵒ 1, samedi 1ᵉʳ juillet 1797, feuillet 3, et même journal, nᵒ 3, du 8 juillet, feuille 24; *ibidem*, nᵒ 5, feuillet 40.

2. Il existe une belle lithographie en couleur de cette revue dans l'ouvrage d'Alex. Zanoli, intitulé : *Sulla Milizia cisalpina italiana dal* 1796-1814 (à la fin du 1ᵉʳ volume publié en 1845). Cette grande place devint dès lors le *Forum Bonaparte*.

3. *Mémoires du roi Joseph*, I, 65 (fragment historique).

ractère de la femme. Ce témoignage se trouve
confirmé par d'autres contemporains : « Il exis-
tait une frappante analogie entre le caractère
positif de la princesse Élisa et l'immuable fermeté du caractère de l'Empereur ; il y avait chez
elle même résolution, même ténacité de volonté. » Mais au physique, ajoute notre auteur,
« la Princesse était d'une ressemblance frappante avec son frère Lucien : elle n'était ni
jolie, ni laide ; elle avait la peau très blanche
et une assez belle taille, quoiqu'elle fût beaucoup trop maigre [1] ».

Le surlendemain de la Fédération milanaise,
23 messidor an V (11 juillet 1797), Bonaparte,
en guise de bienvenue à son beau-frère, nommait Baciocchi chef de bataillon commandant
la citadelle d'Ajaccio. Mais dans l'intervalle
entre sa nomination à Ajaccio et le départ
pour son nouveau poste, Élisa s'était rendue à
Paris. C'est du moins ce que fait supposer le
récit d'un M. Charles Julliot, élève à Juilly en

---

1. Mlle Avrillon, I, 331, 334. *Mémoires sur l'impératrice
Joséphine.*

1797, et camarade du jeune Jérôme, alors également en pension dans ce collège célèbre, récit se rapportant à une visite de Bonaparte et de ses sœurs à leur frère cadet, en décembre [1]. On peut donc en induire, si on tient pour exact ce document, qu'Élisa se trouvait à Paris en décembre 1797, à l'époque précise où son frère le général y arrivait couvert des lauriers de Campo-Formio. On présumera volontiers que dans ce voyage elle dut fréquenter maintes fois le petit hôtel de la rue Chantereine, où était descendu le vainqueur de l'Italie. La visite à Juilly eut lieu dans ce même mois de décembre 1797; ses frères Joseph et Louis en étaient également.

Suivant d'autres écrivains, tel Larrey, Élisa ne quitta pas son mari ni sa mère Mme Lætitia et, de Mombello, elle alla avec cette dernière en Corse, où elle serait restée depuis le milieu de juillet 1797 jusqu'en juillet 1799 [2]. Sans insister outre mesure sur la réalité du voyage

1. M. G. Hamel, dans son *Histoire du collège de Juilly*, 1re édition, p. 406, reproduit ce récit emprunté au compte rendu du banquet des anciens élèves en 1848.
2. *Madame Mère*, vol. I.

d'Élisa à Paris, en novembre-décembre 1797, et en ne le mentionnant que sous réserves, nous pensons toutefois, d'après certains détails des lettres envoyées d'Ajaccio par Mme Lætitia, qu'Élisa passa tout au moins une bonne partie de l'année 1798 en Corse.

Les documents se trouvent ici corroborés par les vraisemblances. Baciocchi avait un service à remplir à Ajaccio, sa femme nouvelle mariée l'y accompagnait naturellement. Ajoutons que les époux, comme le contrat de mariage l'a indiqué, avaient à prendre possession de plusieurs propriétés de famille, aux environs. Élisa « file le parfait amour avec Baciocchi »; elle est enceinte, voit sa famille, les Fesch, les Ramolino, les Baciocchi; elle vend cette année-là, à Fesch, le frère utérin de sa mère, « sa part dans l'enclos de la Torre Vecchia », voilà tout ce qu'on sait d'elle.

Le baron Larrey ne fait revenir Élisa à Paris qu'en 1799. Iung place cette arrivée à peu près au même temps que celle de Lucien, vers juin 1798. Il est même probable qu'elle y vint un peu avant, car on voit Lucien descendre dans une maison louée ou appartenant à sa sœur. Notre opinion est, qu'avant la fin de 1799, les séjours d'Élise à Paris furent courts, mais que sa résidence habituelle est Marseille, à partir de septembre 1798, époque où son mari vint prendre possession de son nouveau poste en cette ville.

En effet, Baciocchi resta à Ajaccio jusqu'au 8 fructidor an VI (25 août 1798), date à laquelle il fut appelé au commandement du fort Saint-Nicolas, à Marseille. Quand à Élisa, « elle s'y établit rue Libertat, avec le petit garçon (Napoleone) qui lui est né à Ajaccio deux mois auparavant; mais cet enfant meurt le 30 nivôse an VII (19 janvier 1799)[1] ». On trouvera plus loin quelques détails sur le second séjour d'Élisa à Marseille, si différent du premier qu'elle y avait fait en famille, au temps de la Terreur. Cette séparation entre les époux, lorsqu'Élisa se déplace et prend goût à Paris, ne peut convenir à aucun d'eux; aussi, le 15 frimaire an VIII (6 décembre 1799) Élisa réussit, par son crédit, à faire passer son mari dans la 17e divi-

1. *Napoléon et sa famille*, par F. Masson, I, 244.

sion militaire, dont le quartier général est à Paris.

Deux ans plus tard, il devenait adjudant général à l'armée d'Égypte, les pièces suivantes en font foi. Détaché de nouveau en Corse, il s'occupe, dans la mesure de ses attributions, d'organiser le contingent de l'île.

« LIBERTÉ — ÉGALITÉ.

« A Ajaccio, le 28 ventôse an VIII de la République française une et indivisible (13 mars 1800).

« *Félix Baciocchi, adjudant général,*
au général en chef Cervoni[1].

« GÉNÉRAL,

« J'allais vous envoyer une ordonnance, lorsque le citoyen Orcelet est arrivé à Ajaccio. Sa présence a calmé nos inquiétudes. Il est chargé de pourvoir à la subsistance et de mettre entre les mains du payeur, une somme

1. Cervoni (J.-B.), officier sarde au service de France, tué à Eckmühl (1768-1809).

assez considérable pour les conscrits. Je vous remercie de la bonne nouvelle que vous me donnez concernant les souliers. Je vous assure que le convoi destiné à les porter est attendu avec impatience; les mesures que vous avez prises sont très propres à calmer nos inquiétudes. Le 2ᵉ bataillon de la 86ᵉ demi-brigade est parti ce matin pour aller joindre le premier. Nous n'avons plus ici que les deux compagnies des grenadiers de la 80ᵉ; elles partiront demain; tout est rentré dans l'ordre. Je mande au délégué extraordinaire du gouvernement mes craintes pour l'avenir. Il est bon de faire un exemple de cette demi-brigade insurgée.

« Une lettre que je reçois de Bonifacio m'annonce que la côte de Sardaigne est parfaitement libre; il sera facile d'effectuer le débarquement.

« Il me tarde d'avoir organisé quelques bataillons corses. Vous devez croire que je ne négligerai aucun moyen pour parvenir à ce but. Ma vigilance se portera aussi sur les troupes destinées à l'expédition : il est important de les surveiller; mais aussi c'est à nous à pourvoir à

leurs besoins pour prévenir leurs réclamations.

« Salut et fraternité.

« BACIOCCHI. »

« *P.-S.* — J'attends incessamment le capitaine Chabert, ainsi que le citoyen Salicetti [1]. »

<table>
<tr><td>ARMÉE
DIVISION CERVONI
LIBERTÉ</td><td>Vignette
gouvernementale.</td><td>ÉTAT-MAJOR GÉNÉRAL
KLEBER
ÉGALITÉ</td></tr>
</table>

KLEBER

ARMÉE D'ÉGYPTE

« Au quartier général d'Ajaccio, le 17 germinal an VIII (7 avril 1800) de la République française une et indivisible.

« *Félix Baciocchi, adjudant général, chef de
l'état-major, au citoyen Salicetti, délégué*

1. Lettre autographe (app. à l'auteur).

*extraordinaire du Gouvernement dans les dé-
partements du Golo et du Liamone et près les
troupes de la 23ᵉ division militaire.*

« CITOYEN COMMISSAIRE,

« Je croirais manquer à mon devoir si je ne
vous rendais pas compte des détails qu'on vient
de me donner sur l'armée d'Orient. Un brick,
le *Lodi*, est entré ce matin dans le golfe
d'Ajaccio. Instruit des nouvelles qui se répan-
daient dans la ville, je me suis transporté
auprès du capitaine de ce bâtiment. Je lui ai
demandé l'objet de sa mission en Egypte; il
m'a dit être parti de Toulon depuis deux mois,
pour Damiette, où il avait emmené un général
et ses enfants.

« Il a ajouté qu'à son arrivée dans ce dernier
port, il avait rencontré un vaisseau ayant à
bord un certain nombre de Français parmi lesquels se trouvait un officier général. C'est par
eux qu'il a appris que le fort de Ripa, près
l'embouchure du Nil et à l'entrée de l'Egypte,
était au pouvoir du grand vizir, qui avait tra-
versé le désert avec une armée de 80,000 hom-

mes; nos troupes, dit-il, se sont dirigées vers Alexandrie.

« Il dit aussi que, forcé de gagner à cause du gros temps survenu, il avait voulu repasser quatre jours après à Damiette, conformément à ses instructions; mais que cette ville avait été évacuée par nos soldats pour se replier sur Alexandrie.

« Il résulte enfin de ses dires, que le général Kleber a fait une capitulation d'après laquelle la Porte se chargerait de faire transporter en France nos troupes sur des bâtiments turcs; à cet effet, on a mis en réquisition, à Rhodes et dans les autres ports du Levant, les vaisseaux nécessaires.

« Au reste le capitaine du brick ne porte aucune dépêche; il n'a pas communiqué avec la terre pendant son séjour sur les côtes d'Egypte; je vous avoue que dans les circonstances où se trouve l'armée, la conduite de cet officier me paraît répréhensible.

« J'ai pensé que je devais rendre un compte exact de toutes ces nouvelles à mes parents qui sont à Paris.

« Le capitaine du bâtiment est le nommé

Joseph Cartaud ; il est d'Antibes et s'en retourne à Toulon.

« Salut amical.

« BACIOCCHI. »

En marge, sur le verso de l'adresse :

« Arrivé à Ociani[1] à 8 h. 1/2 du matin, parti de suite.

« *Signé :* SALIAC.

« Arrivé à Bocognano, le 18 germinal, à 11 h. 1/2 du matin, parti de suite.

« *Signé :* BÉNARD. »

---

1. Lisez : Ucciani (30 kilomètres d'Ajaccio). — Bocognano, chef-lieu de canton, en est distant de 40 kilomètres.

LIVRE II

(JUIN 1798 A MAI 1804)

SOUS LE CONSULAT

CHAPITRE III

Les Bonaparte à la fin de 1798. — Marseille, garnison de
Félix, en 1799. — Après la révolution de brumaire,
Mme Baciocchi se fixe à Paris, où vient d'être appelé son
mari (décembre 1799). — Elle sert de mère aux enfants
orphelins de Lucien Bonaparte. — Mariage de Murat et
de Caroline, à Plailly (Oise), le 30 nivôse an VIII (20 janvier 1800). — Lucien, ministre de l'intérieur (décembre 1799
à novembre 1800). — Sa sœur Élisa tient son salon et
accueille les littérateurs en renom. — Suprématie de
Fontanes. — Le salon Montesson. — Au château de Malmaison. — Lucien, ambassadeur en Espagne (6 novembre).
— Son beau-frère Baciocchi le rejoint comme secrétaire
de légation (17 janvier 1801); Aranjuez, en mars 1801. —
Lettres d'Élisa à Lucien; ce qu'elle fait à Paris. — Son
voyage de santé dans le Midi (septembre 1801).

Au temps de la Terreur, presque tous les
citoyens un peu en vue avaient passé par la
prison.

Bonaparte, général, n'avait-il pas été destitué
à son tour et retenu captif en 1794 pendant

10.

quinze jours? Son frère Lucien, l'ancien détenu d'Aix, n'en fut pas moins plus tard, le 25 mai 1798, admis député au Conseil des Cinq-Cents pour le Liamone, un des deux départements de la Corse, que son frère Joseph, parvenu à une notoriété locale par sa précédente charge d'administrateur du Directoire, représentait déjà depuis le 12 juin 1797.

En juin 1798, Lucien arriva à Paris; il tenait à exercer activement et sans perdre de temps, le rôle de « législateur », qui lui convenait à merveille. Il descendit avec sa femme et ses enfants chez sa sœur, Mme Baciocchi, rue de Miromesnil, n° 125, au coin de la Grande rue Verte, quartier du Roule [1] (ce qui ne veut pas dire qu'Elise habitait continuellement Paris à cette époque), en attendant de louer, puis d'acheter plus tard pour lui et sa galerie [2], l'an-

1. *Les quarante-huit quartiers de Paris*, par G. de Saint-Fargeau, 1 vol., 1846-51.

2. Cette galerie devint surtout considérable après son ambassade d'Espagne et son séjour en Italie. Son catalogue avec 142 gravures, comprenant plusieurs centaines de mentions, tant peintures que sculptures, a été publié en un grand in-4, devenu rare. Londres, 1812.

cien hôtel Brienne, 88, rue Dominique (nouveau style). Joseph et sa femme habitaient avec leur mère et Caroline une maison assez artistique et spacieuse, mais isolée dans ce quartier encore neuf, rue du Rocher, n° 65, près la barrière Monceau. Mme Leclerc (Pauline) demeurait rue de la Ville-l'Evêque; Jérôme étudiait à Juilly, chez les Oratoriens[1]. Hormis Napoléon, Louis et Eugène Beauharnais, en activité à l'armée d'Orient, et Félix Baciocchi, qui commande en Corse puis à Marseille, et a sa femme auprès de lui, presque tous étaient à Paris ou autour de Paris. Mme Bonaparte (Joséphine) occupait définitivement son petit hôtel de la rue de la Victoire, acheté le 31 mars dernier à la femme séparée de Talma, la citoyenne Julie Carreau. Sa fille Hortense poursuivait son éducation à Saint-Germain, chez Mme Campan, dont elle était l'élève préférée.

Mme Baciocchi demeura généralement à Marseille en 1799, jusqu'après le 18 brumaire. Son mari avait été nommé adjudant général dans

1. Son entrée dans cet établissement est du début de 1797. *Compte rendu du 67° banquet du Collège de Juilly*, p. 8.

le courant de cette année-là (20 juillet) et continuait d'être attaché à la huitième division militaire (Vaucluse et Bouches-du-Rhône). On peut même supposer que c'est dans cet intervalle que Félix acheta une maison à Marseille, située rue de Rome, qu'il conserva sous l'Empire et qu'il loua[1].

En attendant qu'Elise fît nommer Félix à Paris, — résultat facilité par le rôle de coopérateur que Baciocchi joua, dit-on, à Saint-Cloud le 9 novembre 1799, — les époux habitent Marseille, où leur position est très en vue. Ils y ont aussi des alliés, les Clary; l'un de leurs collatéraux deviendra même maire de la ville sous l'Empire.

Malgré que la grande cité du midi « ait énormément souffert de l'arrêt du commerce pendant la Révolution, elle offre, en 1799, un surprenant aspect de richesse. Dans le port plein de bâtiments à l'ancre, d'immenses docks, presque vides à vrai dire, contiennent encore pourtant quantité de marchandises de toute

---

1. Arch. Lucq. *Lettres privées adressées aux princes.* Mme Benielli Rolier à Elisa, Marseille, 11 avril 1807, — registre 200.

espèce; les négociants y sont opulents et ennemis jurés de la République, appliqués à vivre
le mieux possible; de superbes édifices, des
promenades et toutes les commodités nécessaires à l'existence s'y rencontrent ». Le réfugié
italien qui parle ainsi, l'ex-marquis modénais
Tassoni[1], alors fixé à Marseille, vante la quantité de belles femmes qu'on y rencontre, leur
facilité de mœurs, le luxe des vêtements, les
foules emplissant les théâtres, dont trois sont
ouverts. « J'ai fait aussi quelques connaissances, ajoute-t-il, en particulier celle de la
sœur de Bonaparte, qui est mariée au commandant des forts, le général Baciocchi, Corse.
Essa e una bella e bravissima ragazza di 20 *anni
circa*[2]. » Tassoni avait dû d'approcher Elisa à
sa connaissance de son frère le général, qu'il

1. Sur Tassoni, voy. nos récents ouvrages: *Le Royaume
d'Étrurie*, chapitres ii et iii, puis *Bonaparte et la République de Lucques*, p. 111.

2. La lettre dont nous tirons ce passage, datée du
13 brumaire an VIII (4 nov. 1799), a paru en 1872 dans
les *Estratti di un carteggio famigliare e privato ai
tempi delle repubbliche cisalpina e italiana e specialmente
dei comizii di Lyon*, par le comte Louis Valdrighi. Ouvrage publié à Modène par ses descendants (Voyez,
p. 183 dudit) et tiré à 150 exemplaires pour la famille.

avait reçu parmi les notables de Modène, le 14 octobre 1796 (23 vendémiaire an V).

La chaleur avec laquelle il défendit les idées françaises, l'avait fait choisir comme député de son département au Directoire cisalpin. La même raison l'obligeait actuellement à vivre éloigné de sa patrie réoccupée par les Austro-Russes (1799), en train justement de se venger de leurs échecs passés sur les démocrates, par l'exil et l'emprisonnement.

Un peu après, presque à la veille du changement de garnison de Félix, Élise recommande au ministre de la guerre Berthier, auprès duquel elle a crédit, un des subordonnés de son mari, l'ordonnateur Lambert, qui sera privé, à brève échéance, de son ami et chef hiérarchique. La lettre suivante[1], du 25 novembre 1799, qui a trait à celui-ci, nous apporte, avec le document précédent, une date certaine sur le séjour à Marseille d'Élisa, et ce n'est pas à dédaigner lorsque l'on sait combien sa biographie est ardue à reconstituer, sous la

1. Communiquée par M. P. Brenot, en 1893.

Révolution, les pièces authentiques de cette
époque sorties de sa main ou la concernant
étant fort rares.

> « Marseille, le 4 frimaire an VIII
> (25 novembre 1799).

> « Je joins, citoyen ministre, mes prières à
> celles du général Saint-Hilaire, afin que vous
> conserviez dans la huitième division militaire
> l'ordonnateur Lambert ; son mérite, son civisme
> et sa probité me portent à vous en faire la
> demande.

> « Il a su, par sa conduite, s'attirer l'amitié et
> l'estime de tout le monde.

> « Vous ne me refuserez pas, ses services me
> le font espérer, votre amitié en est le garant.

> « Mon mari se rappelle à votre souvenir.

> « BONAPARTE BACIOCCHI. »

En marge, de la main du ministre : Renvoyé
au citoyen Petiet [1].

---

1. Petiet Claude (1749-1806), ex-commissaire ordonnateur en 1792... adjoint au ministère de la guerre en

A Paris, malgré sa santé délicate, M^mo Baciocchi, mise de plus en plus en relief par la haute situation de son frère et non encore chagrinée par sa séparation d'avec son mari et son très aimé frère Lucien, sort beaucoup et se mêle aux rangs de la société nouvelle. On la vit au château de Clichy, chez M^mo Récamier, peut-être à Bagatelle, chez M. Sapey, comme aussi vraisemblablement, puisque c'est admis, aux « bals d'abonnés », tels celui de la « Société du Zéphir », maison de Salm, rue de Lille, qui, en l'an VIII se partage le beau monde avec cet autre de l'hôtel d'Uzès, rue Montmartre, près le boulevard, et les salons d'Apollon, enclos des ci-devant Capucines. Le bal s'ouvre ordinairement à six heures par des symphonies; l'abonnement est de 9 francs par citoyen qui peut y mener deux citoyennes. En temps ordinaire, on peut y venir sous n'importe quel costume et non masqué, mais on y trouve des costumes à

1799. — L'ordonnateur en chef Lambert, homme resté probe au milieu de tous ses collègues dont beaucoup s'étaient enrichis, ne paraît pas avoir eu une vie heureuse, d'après d'autres lettres de lui au prince Félix, trouvées aux archives de Lucques.

louer. — A l'hôtel d'Uzès, les 4 et 6 ventôse
an **VIII**, jours de carnaval, on annonce que
« tout costume y sera admis lorsque la décence
y sera observée ». L'on affiche pour ces soirs-là
« le divertissement des religieuses de Grisenon
avec les bénédictins de Pontigny ».

Si Elisa ne va pas en curieuse voir ces
spectacles piquants et bigarrés, elle ne manque
pas, en tous cas, les pièces en vogue de Feydeau.
Il n'est pas bien sûr qu'elle se soit dispensée de
paraître, au milieu des gens du bel air, à
Longchamps, comme la mode l'exigeait, en
cabriolet ou en wiski, traînés par des chevaux
vifs et légers qu'elle conduisait elle-même.
Elle deviendra bientôt une amazone distinguée[1] et aura pour écuyer favori, dans ses
courses au bois de Boulogne, le comte Rœderer.

1. Son costume assez ordinaire pour la promenade à
cheval (d'après le livre commercial de Leroy, déposé à
la Bibliothèque), se composait d'une jupe longue en ca-
chemire rouge, le corsage garni de trois rangs de
boutons et doublé en florence ponceau. (Voyez Bou-
chot. *Le Luxe français sous l'Empire*, p. 170, 1 vol. in-4,
1892.)

Caroline et elle étaient très amies avec Mme Récamier[1] et la fréquentaient assidûment. Mme Récamier habitait un hôtel rue du Mont-Blanc, décoré par l'architecte Berthauld en 1798. Cette demeure était un modèle de goût[2]. On peut présumer qu'Élise se montra aussi au Raincy, chez Ouvrard.

Au 18 brumaire, son mari, adjoint aux adjudants généraux, figure parmi les officiers qui entourèrent Bonaparte[3]. Il retournera bientôt en mission, comme nous l'avons dit, à Ajaccio, jadis lieu de sa garnison. Quant à Élisa, elle ne peut plus abandonner Paris, sous prétexte de surveiller les filles de Lucien.

Aux Cinq-Cents, Lucien monta souvent à la tribune. Il fut remarqué non seulement par son talent oratoire qu'accentuait une ardeur juvénile et méridionale, — il avait alors vingt-quatre ans, — mais aussi par sa fermeté et son

1. *Souvenirs de Mme Récamier*, I, 35, 2 vol. in-8. Lévy, 1860.

2. Les planches au trait, d'après son intérieur, se trouvent dans le recueil de Ransonnette, ainsi que celles représentant la maison de la rue Chantereine.

3. *Moniteur* (volume de la table).

habileté à se créer des partisans. Il profita de son influence et du prestige d'un nom déjà célèbre pour se faire porter comme président de l'Assemblée.

On sait quelle aide il prêta à son frère le général, quand celui-ci, après avoir repoussé loin des frontières les ennemis étrangers et conquis l'Égypte, objet de convoitise des Anglais, revint dans sa patrie pour en réformer le gouvernement. Ainsi avait agi un autre grand homme, Sobieski, au retour de deux campagnes contre les Tartares et surtout contre les Turcs. Lucien, qui évoluait déjà et admirait Napoléon comme un maître, avait faussé compagnie à ses coreligionnaires. Dans la journée de Saint-Cloud, on peut dire qu'il renversa, de concert avec lui, la Constitution de l'an III.

Un tel service rendu à son ambition eut pour récompense le ministère de l'Intérieur que, le lendemain du jour où cessa de siéger la commission du Consulat provisoire (4 nivôse an VIII, 25 décembre 1799), un arrêté du premier Consul, contresigné par le secrétaire

d'État Maret et le ministre de la justice Abrial,
lui confia [1].

En vertu de cet arrêté, Lucien se rendit sur-
le-champ au palais du Luxembourg et prêta
serment à la nouvelle constitution de l'an VIII,
qui venait d'être votée par 3 millions d'électeurs
et promulguée le 13 décembre.

Une fois installé dans ses fonctions, sa femme
Christine Boyer, qu'il avait épousée en 1795,
ouvrit ses salons de l'hôtel Brissac [2]. On se
pressa surtout au bal qu'elle donna le 6 pluviôse an VIII (26 janvier 1800) en l'honneur du
mariage de sa belle-sœur Caroline avec Murat,
qui venait d'être célébré six jours avant, le
20 janvier, dans le temple décadaire de Plailly
(Oise), l'exercice du culte étant alors encore
proscrit. A cette fête assistèrent les trois Consuls.
Mme Lucien est jeune et gracieuse comme
nous l'a représentée Gros à cette époque,

1. *Bulletin des lois* de la R. F., 9ᵉ partie, n° 3500.

2. Le ministère de l'Intérieur était alors à la maison
ci-devant Brissac, rue de Grenelle, n° 92 (Voyez *Paris
et ses curiosités*, in-16, chez Marchand, palais du Tribunat, an XII).

mais sa mine révèle les traces d'une santé
frêle qui bientôt alla tellement déclinant que
Lucien dût avoir recours à Elisa pour présider
les réceptions officielles. Mme Lucien n'assista
pas pour cette raison au dîner qu'offrit son mari
au Premier Consul, qui désirait se rencontrer
avec Mme Récamier.

On parlait alors beaucoup de cette dernière,
et Lucien, disait-on, ce qui n'a pas lieu d'éton-
ner lorsqu'on sait la passion qu'il eut toujours
pour les femmes, en était follement épris ; aussi
ne se fit-il pas prier pour la présenter à son
frère. Mme Baciocchi, ce soir-là, remplaçait la
maîtresse de céans. Il y eut concert après le
repas ; on remarquait, entre autres notabilités
présentes, Cambacérès et Garat, le chanteur à
la mode [1].

Lucien perdit sa chère Christine le 4 floréal
an VIII (14 mai 1800). Il venait d'acheter à son
intention une vaste propriété au Plessis-Chamant, à un quart de lieue de Senlis, non loin

---

1. *Souvenirs de* Mme *Récamier*, I (*opus citat.*, p. 34 et
suivantes).

de Chantilly et de Mortefontaine, autre terre que Joseph avait acquise à la fin de 1798 et qu'il allait considérablement agrandir.

Le département de l'Oise semble attirer les Bonaparte : il n'est pas jusqu'à Louis qui ne veuille aussi être grand propriétaire terrien dans ces parages. Un peu plus tard, en janvier 1801, par l'entremise de son secrétaire Mésangère, il achète 65 hectares clos de murs à Baillon, commune d'Asnières, sans doute pour se rapprocher de Mortefontaine et de Chamant. La petite rivière de Thève, qui alimente les lacs de Mortefontaine et de Chantilly, coule dans cette retraite boisée, et trois lieues en ligne directe séparent seulement les trois domaines. La route en est très jolie, mais il ne semble pas que le triste Louis en ait longtemps profité, car il y vint peu [1].

Au printemps de 1800, Lucien est tout à sa douleur.

1. *Napoléon et sa famille*, 1897, I, 396, 397, et de Coston, *Lettres de Louis Bonaparte à Mésangère*, 1 plaq., in-8. Lyon, 1889, p. 25 et 28.

« Je restais avec deux petites filles, écrit-il, dans ses mémoires [1], ma sœur Élisa (Mme Baciocchi) leur servit de mère au moment de la catastrophe et vint me rejoindre au Plessis.

« C'est à mes deux petites filles et à cette sœur alors tendrement chérie, que je dois les premiers adoucissements d'une si cruelle perte. Nous pleurons ensemble sur le tombeau que je fais élever à Christine, dans une partie solitaire et fermée de mon parc [2]. Élisa est presque aussi assidue que moi à la culture du jardin funéraire de celle que j'ai tant aimée et qui le méritait si bien.

« Christine expirée dans mes bras et dans ceux de notre sœur Élisa, a du moins emporté l'espoir que ses deux petites filles, Charlotte et Egypta, retrouveraient une autre mère.

1. Iung, I, 382.

2. Le bel ouvrage in-4 intitulé : *Description des nouveaux jardins de la France et de ses anciens châteaux*, par Alex. de Laborde, paru chez Delance en 1808, contient plusieurs fines gravures, d'après les dessins de Constant Bourgeois, représentant le château de Plessis-Chamant, le *Tombeau*, le château de Mortefontaine, celui de Malmaison, etc., etc. Voir, au musée du Louvre, un portrait en pied de Catherine Boyer, dans les jardins du Plessis, peint en 1800 par Gros.

« Promesse sacrée faite et tenue par Elisa pendant quatre années. »

Peu de mois avant ce triste événement et dans l'intervalle entre le 18 brumaire et la bataille de Marengo, le 30 nivôse an VIII (20 janvier 1800) avait été célébré comme il a été dit, à Plailly, chef-lieu de canton tout voisin de Mortefontaine, le mariage civil du général de division Joachim Murat et de Caroline Bonaparte, sœur d'Elisa[1]. Cette dernière et Lucien s'y rendirent vraisemblablement, mais la cérémonie eut lieu sans grand apparat. Le Premier Consul ne semble pas y avoir assisté. Murat, alors commandant en chef de la garde des Consuls, et Marie-Annonciade-Caroline Bonaparte avaient pour témoins, le mari : Bernadotte, ex-ministre de la guerre, âgé de trente-cinq ans, demeurant à Paris, rue Cisalpine, et Jérôme Calmelet, homme de loi ; la conjointe : ses frère et beau-frère, Louis Bonaparte, âgé de vingt-deux ans, chef de brigade, demeurant

---

1. C'est au château de Mortefontaine, appartenant à Joseph, que les deux futurs avaient élu domicile et qu'ils passèrent leur lune de miel.

à Paris, au palais des Consuls, division du Luxembourg, et Victoire-Emmanuel Leclerc, demeurant à Paris, rue de la Ville-l'Evêque, général de division, âgé de vingt-sept ans [1].

En tout cas, Elise et son mari ont entendu, avec tous les membres de la famille, lecture du contrat de mariage, l'avant-veille 18 janvier, au Luxembourg, demeure du premier Consul [2].

Veuf depuis peu, — dans le temps qui s'écoula entre la mort de sa femme et son départ pour l'Espagne, comme ambassadeur de la République française, — Lucien réunit dans ses salons, sous la présidence d'Elisa, les hauts fonctionnaires de l'Etat et tous les membres de l'Institut de l'époque : Fontanes, futur président du Corps législatif et futur grand-maître de l'Université, le poète tragique Arnault, resté l'ami de la famille depuis Mombello ; La Harpe, que la mort allait enlever aux lettres

1. Extrait du registre des actes de l'état civil de la commune de Plailly pour l'an VIII. Calmelet avait déjà été témoin au mariage du général Bonaparte, le 9 mars 1796.

2. *Nap. et sa famille*, I, 319.

deux ans plus tard ; Tissot, Chateaubriand, que le ministre consultait pour ses romans, le poète Esménard, les principaux rédacteurs du *Mercure de France* ressuscité par lui, Lucien, cette année même, puisque, en grand seigneur qu'il était et qu'il aimait déjà paraître, il venait d'acheter le *Mercure*, que Fontanes dirigeait en fait, alors qu'il se piquait de ne pas le laisser voir[1] ; enfin l'économiste Duquesnoy, Rœderer, le chevalier de Boufflers, Bouilly, Legouvé, Chênedollé, Pigault-Lebrun, Volney, Picard, le futur Molière de l'Empire, et d'autres. On y vit encore Delille, quelquefois sur la demande même du Consul, qui voulait le connaître. On sait aussi l'entretien qu'y eut Bonaparte avec Chateaubriand[2].

Le ministère de l'Intérieur, créé d'hier, comprenait l'instruction publique (dont les encouragements aux savants et gens de lettres),

---

1. L'ancien *Mercure* abandonné en 1799, venait de reprendre en 1800. Son premier numéro porte la date du 1er messidor an VIII (20 juin 1800). Ce journal s'imprimait chez Didot jeune, il paraissait deux fois par mois et son abonnement était de 36 fr. par an.

2. Ce dernier l'a raconté dans ses *Mémoires d'outre-tombe*.

les beaux-arts et les théâtres. Arnault et
Amauri Duval dirigeaient cette section, alors
la quatrième. L'année suivante, en décembre
1800, Esménard, un autre ami distingué des
Muses et du Consul, était appelé au bureau des
théâtres. Lucien, érudit et passionné collec-
tionneur, était donc tout à fait dans son élément
à l'Intérieur.

Durant son passage aux affaires, il eut l'occasion de se montrer libéral envers les gens
de lettres et les artistes. Le 15 juin 1800, il
accorda une pension annuelle de 2,400 francs
à l'illustre auteur du poème des *Saisons*, Saint-
Lambert, doyen de l'Académie française, celui
que Voltaire appelait :

> ..... l'harmonieux émule
> Du pasteur de Mantoue et du tendre Tibulle,

2,000 francs de même aux citoyens Morellet et
Gaillard, tous deux de la ci-devant Académie
française, etc., etc.

Agé de soixante-treize ans alors, et très
nourri des Latins, au point qu'il n'avait pas
son pareil comme citateur des classiques,

Morellet avait trouvé, avec d'autres, son premier appui auprès de Fontanes. Comme rapporteur officiel au ministère de l'Intérieur pour la classe de littérature et des beaux-arts, Fontanes avait, sur Lucien, une influence énorme, et ce crédit se manifestait jusqu'auprès des libraires, malgré que Fontanes n'en voulût toujours pas convenir. Morellet accepta ces secours avec reconnaissance, car il avait été ruiné par la Révolution. Un peu plus tard, en 1803, bien qu'en disgrâce et presque en exil, Lucien trouvera moyen d'aider le jeune Béranger.

Du côté des arts, mêmes goûts de Mécène. Durant son ministère, Lucien fit encore acheter des toiles à Greuze par le gouvernement. A son château du Plessis, il occupait plusieurs architectes, sous la direction du distingué Poyet, et il confiait les fresques et décorations intérieures au vieux Callet et à Fragonard fils. Ses meubles en acajou, ornés de bronzes, étaient de toute beauté [1].

1. Voyez *Tableaux administratifs du département de l'Oise*, II, p. 44 et 45 par J. Cambry (ouvrage du temps).

Il protégeait encore trois peintres de talent, Bonnemaison, Mme Chaudet et Suvée. Il acquit pour sa galerie plusieurs de leurs toiles, et vers la fin de 1803, revenu très riche d'Espagne, il s'offrait un des plus vantés chefs-d'œuvre de Girodet, exposé au Salon de cette année-là : l'*Atala*.

Pour le moment donc (1800), les écrivains attirés avec sympathie par Elisa chez Lucien, y coudoyaient aussi des artistes comme David, Gros, Isabey, Lethière et Fontaine.

Parfois même, en l'absence de Lucien, qui n'aimait pas les réceptions trop nombreuses, et bientôt chez elle, Elisa continua ces cénacles littéraires, où les discussions les plus élevées alternaient avec les lectures. Comme directeur du *Mercure*, il n'était pas rare que Fontanes eut les primeurs des écrivains. Aussi lisait-on chez Elise les nouvelles productions de Baour-Lormian, par exemple, aussi bien que celles de Ducis. On ne jurait alors que par ce dernier dans la république des lettres, et si son astre commença peu à peu à pâlir, il n'en fut pas de même pour Fontanes. Sous l'Empire, il eut une autorité dans les lettres supérieure à toutes, et une considération dans le monde qui ne fut inférieure à celle de personne. Avoir le suffrage de Fontanes, sous les Napoléonides, équivalait comme valeur, à celle que le correct Boileau attribuait à Montausier[1]. L'Empereur lui-même, plus tard, ne dédaignera pas les avis du grand maître, et l'on voit ce dernier, le 19 avril 1811, lui adresser ses vues sur le ministère tout entier[2].

Le salon officiellement protégé de Mme de Montesson, rue du Mont-Blanc, faisait alors concurrence à celui du ministère de l'Intérieur.

Bonaparte avait chargé cette survivante aimable de l'ancien régime, renommée par ses grâces et ses hautes manières, de restaurer, en France, le ton de la bonne compagnie qui, depuis tantôt neuf ans, y était presque totalement perdu, et pour l'aider dans cette entreprise, il lui avait rendu la pension de 160,000 francs

1. Charles de Saint-Maur, duc de Montausier.
2. Plusieurs de ces renseignements sur Fontanes ont été puisés par nos soins, en 1895, dans ses papiers du temps. Biblioth. de Genève, manusc. franç., carton 212.

qu'elle recevait comme veuve du duc d'Orléans.
Un tel douaire, outre sa fortune personnelle,
lui permettait de déployer un grand état. Ce
moyen imaginé par le Consul était aussi très
politique, car il créait à dessein un endroit
neutre où les anciens émigrés se rencontraient
avec les hommes nouveaux arrivés par le talent. La réconciliation des classes n'en mar-
chait que mieux.

Les étrangers de marque passant à Paris ne
manquaient pas d'être conviés chez Mme de
Montesson, et c'est ainsi que disparaissaient
peu à peu les antipathies ou les préjugés qu'ils
pouvaient nourrir contre une nation révolutionnaire.

Mme de Montesson tenait table ouverte ; mais
elle donnait aussi des dîners hebdomadaires où
l'on n'était reçu que sur invitation. On voyait
chez elle, admis dans une sorte d'intimité, dès
1800, des hommes distingués comme Bertho-
let, Talleyrand, Maret, Pérignon, Arnault, de
Guines, Millin, Garat, Coupigny, Isabey, etc.
On y faisait, comme à l'hôtel Brissac, de la
musique, des lectures, et l'on y causait spirituellement avec un naturel simple, aussi éloi-

gné de la morgue des ex-privilégiés que de la pédanterie des nouveaux enrichis.

Elisa ne connut qu'un peu plus tard Mme de Montesson ; mais elle n'eut jamais, avec elle, l'intimité qu'entretinrent Joséphine, ni à un degré moindre, bien que pourtant réel, Mmes Murat et Leclerc. Elle assista à quelques-uns de ses bals, comme son ancienne et nouvelle noblesse l'y obligeaient, et alla à Romainville [1] avec ses sœurs, quand il fut bien porté de s'y faire voir. Mais l'esprit très personnel d'Elisa s'accommoda mieux des cercles qu'elle tenait elle-même, au milieu de ses familiers. Nature à part et d'une santé délicate, d'un caractère altier, Elise se plaisait moins dans la société des femmes qu'autour des hommes supérieurs.

Par bonne politique et par devoir de famille, Elise fréquentait aussi chez Joséphine. Il y avait bien un peu de froid entre les deux belles-

---

1. Mme de Montesson vécut les dernières années de sa vie dans cette belle propriété, construite par Brongniart, et que l'établissement des forts a fait disparaître en 1855. (Georgette Ducrest, *Mémoires sur l'imp. Joséphine.*)

sœurs, car Joséphine ne pouvait oublier qu'É-
lisa s'était opposée à son mariage avec le général ; mais ce froid n'alla jamais jusqu'à la
brouille. Devant Elisa, Joséphine se montrait
toujours amène, refoulant au fond de son cœur
la blessure d'amour-propre jadis ressentie ; elle
ne lui avait pourtant pas pardonné ; mais en
public la bonté chez elle l'emportait sur les
autres sentiments, et son tact réservait de même
aux autres sœurs de son époux un accueil em-
pressé.

Au printemps de 1800, en floréal notamment,
parmi les hôtes du décadi à la résidence consulaire, on remarquait le ministre Lucien, et un
peu plus rarement pourtant, Mme Baciocchi.

Elisa fut aussi, à ses heures, à Malmaison,
des fameuses parties de barre, et elle connut là
toutes les femmes charmantes des officiers de
la garde consulaire, appelées à devenir plus
tard les étoiles de la future cour impériale.
Parmi ces derniers, Lannes, qui commandait
cette troupe d'élite, n'était pas le moins affectionné de la sœur de Bonaparte. Parmi les
civils, Regnault fut un des hommes à qui elle
accorda, dès ce temps, beaucoup d'estime.

Elisa prit aussi part, lorsqu'elle venait à Rueil, aux chevauchées élégantes des hôtes de Joséphine, soit au Butard [1], soit à Croissy, soit à Marly : elle était, comme on sait, amazone intrépide. Aucun tableau n'offrait plus de fraîcheur que ces belles soirées d'été sous le Consulat, passées à Malmaison, ou en calèche, au Butard, avant de rentrer dans les salons pour la sauterie ou le théâtre [2].

Quand le Premier Consul décida que Lucien devait être appelé à de nouveaux honneurs et quitter le département de l'Intérieur, Elisa fit une démarche auprès de son frère, afin que Miot recueillit le portefeuille ; mais Chaptal fut choisi, et il ne l'eut d'abord que *par intérim*. Il semble que le Consul, ici, pour ménager l'amour-propre de son frère, qu'on eût pu croire disgracié ou renvoyé, en ait décidé ainsi. Le *Mercure de France* a bien soin de l'imprimer,

1. Le Butard était un rendez-vous de chasse du Premier Consul, qui y entretenait un pavillon meublé.
2. Lescure. *Le Château de la Malmaison*, Appendice, p. 250, d'après le témoignage des mémoires manuscrits de l'architecte Fontaine.

et, en outre, de dire : « *Le ministre de l'Intérieur*
est parti pour une mission importante, mais
inconnue[1]. » Ceci se passait environ un an
après la chute du Directoire[2]. Napoléon, en
effet, réserva alors à son frère une haute situation diplomatique.

Le 15 brumaire an IX — presque jour pour
jour l'anniversaire de la dissolution violente des
Conseils (6 novembre 1800) — il le nommait
ambassadeur de la République en Espagne. Se
rappelant également le concours que lui avait
prêté son beau-frère dans les mêmes circonstances, le Premier Consul attachera un peu
plus tard Baciocchi au personnel de la maison du nouvel ambassadeur, par l'arrêté suivant :

« 27 nivôse an IX (17 janvier 1801).

« BONAPARTE, Premier Consul, arrête :

« Le citoyen Baciocchi est nommé second

1. Numéro du 1er frimaire an IX (22 novembre 1800),
p. 400.
2. Le conseiller d'État Chaptal fut d'abord chargé de
l'intérim, du 6 nov. 1800 au 21 janvier 1801. A cette
dernière date (arrêté du 1er pluviôse an IX), il devint
titulaire.

secrétaire de la légation française en Espagne. Son traitement sera le même que celui du citoyen Durand, son prédécesseur[1]. »

Bien que le décret le concernant n'ait paru qu'à cette date, Baciocchi savait déjà, comme Élisa, qu'il devait aller aussi en Espagne.

Au reste, l'expédition facile de Portugal offrait au Consul le moyen d'occuper ses beaux-frères et de les aider à acquérir de la gloire, comme on disait alors. Leclerc et Louis allaient y être aussi envoyés.

Mais d'où venait l'acte d'autorité de Bonaparte, qui exilait son frère le ministre? Pourquoi Lucien allait-il quitter si brusquement un poste éminent où ses talents d'administrateur s'étaient déjà révélés par tant d'innovations utiles? Quand le fait fut divulgué, chacun en devisa à son aise.

La vérité est qu'en l'an VIII Lucien occupait ses loisirs à la littérature politique. Or, ces

1. M. S. S. Aff. Etr.

manies d'idéologue ne plaisaient pas au Consul. Lucien s'amusait à préparer des articles ou des projets de discours restant « à développer » qu'il faisait écrire sous sa dictée par un secrétaire, mais qu'il corrigeait de sa main, qu'il paraphait même, et qu'il adressait invariablement à Fontanes. L'un d'eux avait pour titre : *Qui régnera sur les Français?* un autre : *Des résultats du 18 brumaire*; un troisième : *Dialogue aux Champs-Élysées entre Henri IV, le cardinal de Richelieu et Périclès*[1].

Il y a mieux : celui-là, non plus en feuilles de notes à l'intention de l'ami Fontanes, mais tout rédigé et recopié, avait été imprimé et livré au public. Le nom d'auteur en transpira. Aussi tout Paris crut-il avec raison que Lucien, malgré l'éclat de sa nouvelle dignité, tombait en disgrâce, pour sa brochure : *Parallèle entre César, Cromwell, Monk et Bonaparte*, qui avait été répandue officiellement par le ministère de l'Intérieur, à l'effet de préparer l'esprit public à l'établissement d'une nouvelle dynastie. Or, les

1. Bibl. publ. de Genève, catalogue papiers manuscrits de Fontanes, M. F., 211.

idées républicaines pures comptaient encore
alors de nombreux partisans dans les classes
avoisinant le pouvoir, et Bonaparte était trop
avisé pour laisser passer, sans paraître au
moins le punir, un excès de zèle, en l'espèce
venant d'un des siens ou du moins prôné par
celui-ci, et qui, par ce fait suffisamment grave,
n'aurait pas manqué de le compromettre aux
yeux de beaucoup de ses amis. Le principal
collaborateur de la brochure était pourtant
Fontanes, et sa muse inspiratrice l'ayant encou-
ragé à la produire, était comme toujours l'or-
gueilleuse Elisa. Lucien avait eu le tort d'adopter leurs idées et de les revêtir de son style,
oubliant la doctrine républicaine, qui était
sienne, et il paya pour tous les deux. Bonaparte
faisant la part des intentions si belles à son
endroit, déploya alors beaucoup d'habileté; car
tout en donnant satisfaction à l'opinion républicaine, il ne voulut pas se priver de Lucien et lui
ménagea encore une situation très en vue et
utile à son avenir qu'il voulait soigner. Situation le mettant à même de rendre des services
signalés au pays. Sa mission d'Espagne, en effet,
lui permit d'arracher le Portugal à l'influence

anglaise et de conclure bientôt à Madrid plusieurs conventions diplomatiques très favorables à la France[1].

Quoi qu'il en soit, la décision brusque du chef de l'État fut très commentée dans les salons. Le soir du 16 brumaire, Élisa parut au cercle de Mme Bonaparte, les traits bouleversés. Il y avait là en femmes : MM^mes Lecourbe, Chauvelin et Clary ; parmi les généraux : Lannes, Murat, Lecourbe ; les conseillers d'État Champagny, Miot, Réal ; divers fonctionnaires : le préfet Dubois, Alexandre de La Rochefoucault, Chauvelin, Jaucourt et Chaptal, radieux de sa nomination.

« On jouait au *réversi* dans un coin du salon ; les hommes allaient et venaient avec un air plus ou moins embarrassé..... ils parlaient peu, et la conversation des femmes paraissait toujours languissante. D'un accent que je n'oublierai jamais, écrit un contemporain, parce qu'il partait d'une âme sensible, parce qu'il

1. Méneval. *Mémoires*, édit. de 1894, p. 353 et suivantes. Iung. *Mémoires de Lucien (passim)*. P. Marmottan, *Le Royaume d'Etrurie*, I, p. 54 et suivantes.

m'a prouvé qu'elle était amie tendre, qu'elle
avait pleuré la veille, qu'elle avait pleuré toute
la nuit, toute la journée et qu'elle était même
encore prête à fondre en larmes, Mme Baciocchi
me dit : Avant-hier, je revins du Plessis avec
Lucien ; à son arrivée, il me quitta pour aller
aux Tuileries, et au bout d'une heure, il m'an-
nonça son prochain départ et celui de mon
mari. Tous ceux que j'aime vont s'éloigner,
jugez de ma douleur !..... Je ne sais pas cacher
mes peines, et je me sens prête à pleurer.....
puis elle se lève espérant sortir sans être aperçue ; mais Mme Bonaparte, qui ne la perdait
point de vue, quitte son fauteuil, s'approche
d'elle, affecte un air triste, lui serre la main et
l'embrasse [1]... »

Il était bien facile à Élisa de mettre un terme
à ce chagrin, en suivant son mari, mais elle ne
s'en souciait pas. La vie de Paris lui plaisait ; le
prestige qu'elle avait comme sœur du Premier
Consul, au centre même de son gouvernement,

1. *Mémoires de Stanislas de Girardin* (4 vol., Michaud,
1834), I, p. 192 et suivantes.

le besoin qu'elle ressentait de demeurer près de
lui pour se préparer un avenir plus relevé que
celui de femme d'un simple secrétaire d'ambassade, l'ennui qu'elle eût éprouvé d'aller habiter
une ville étrangère sans grand éclat dans ce
dernier rôle, la certitude où elle était que
cette expatriation n'était que temporaire, enfin
le souci de sa délicate santé et la tutelle qu'elle
devait continuer à la fille aînée de Lucien,
Charlotte, qui ne suivait pas son père, toutes
ces raisons la retinrent en France. Le 9 novembre 1800, de Tours, où il passa pour se rendre
à son poste, Lucien écrit à sa chère Élisa
« d'embrasser dix fois Lolotte (Charlotte) et de
la mettre chez Mme Campan à Saint-Germain ».
Le 14 novembre, il mande encore à sa sœur
d'avoir bien soin de la tombe de sa femme, au
Plessis, et de l'entretenir de fleurs.

Un autre motif fixait encore Élisa auprès de
son frère Napoléon : l'ardeur pour ainsi dire
maladive et en tous cas inhérente à ses nerfs,
qui l'incitait à intriguer, à s'occuper de politique. Ne venait-elle pas justement d'en faire
avec le complaisant Fontanes et de l'intempes-

tive au premier chef? Elle continuait néanmoins.

Cette passion la dominait et la faute qu'elle avait fait commettre à Lucien, ou plutôt les conséquences qui en étaient résultées pour lui, ne semblaient pas l'avoir corrigée. Il fallait qu'elle surveillât le Consul, soit besoin d'un esprit toujours inquiet en travail sur lui-même, soit pur et unique appât d'intérêt pour lui ou pour elle, désordre intellectuel qui se rencontre parfois chez les femmes supérieures et les porte au delà des bornes. Qu'allait-elle chercher dans cette galère? dira-t-on. Elle n'avait pas pourtant à devenir l'Égérie de quelqu'un. Son puissant frère n'en admit jamais près de lui, et d'ailleurs, il pouvait s'en passer. Elise, quoi qu'on en pense, suivait d'un œil attentif les moindres incidents du pouvoir, et en dissertait. Un billet de sa main écrit à Joseph, alors à Lunéville, nous a conservé ce jugement sur le premier Consul. Il est daté du 12 nivôse an IX (2 janvier 1801), quelques jours après l'attentat de la machine infernale :

« J'espérais que le résultat de cette fatale

journée avait ouvert les yeux à Bonaparte et
qu'il aurait chassé ses ennemis et rapproché
ses amis. Personne n'ose lui parler, personne
n'ose lui dire la vérité. On finira par l'assas-
siner, tous ses amis disent la même chose. Fouché et autres sont soutenus, protégés par qui?…
tout le monde le pense et nomme les masques.
Lui seul l'ignore. Je vous assure, mon cher Joseph, que nous avons besoin que vous reveniez
parmi nous. Vous êtes écouté. Miot part, un
ami de moins; tant d'autres pourraient être
utiles en Corse, et il est nécessaire à Paris.
Vous connaissez les hommes. On criait les
premiers jours contre la police, aujourd'hui on
la flatte. On voit qu'ils sont enracinés et qu'ils
sont bien protégés. Bonaparte s'aveugle. Il ne
lit, ne voit que par sa police, sa femme et son
secrétaire. Voilà où nous en sommes. C'est à
vous à trouver le remède. Je vous ai envoyé une
lettre de Lucien. Il est très content à Madrid.
Jérôme va courir le monde par mer : il veut se
faire marin. Quant à Louis, il demande à revenir; mais non, il est dit qu'il faut que vous
soyez tous éloignés ; c'est bien malheureux.
On prend tant d'empire pendant votre absence

qu'il sera difficile de lui faire voir et faire entendre votre voix. Adieu, je vous embrasse. Miot n'est pas parti. Vous pourriez en écrire à Bonaparte et obtenir qu'il nous reste.

« ÉLISA. »

Puis la correspondance avec Lucien reprend sans délai.

« Paris, le 4 pluviôse (24 janvier 1801).

« Caroline est accouchée le 1ᵉʳ pluviôse à neuf heures du matin[1], elle se porte très bien ainsi que l'enfant. Bonaparte est le parrain et Mlle Hortense, la marraine. Le gros garçon se nomme *Achille...* J'ai reçu des lettres de Joseph — il n'y a rien de nouveau excepté l'armistice de l'armée d'Italie. — Miot part le 9 pour Ajaccio. J'ai gardé Lolotte deux jours avec moi, je l'avais fait venir pour voir son petit cousin ; elle commence à toucher *du piano*, je suis bien contente des soins de

____

1. Le 21 janvier 1801.

Mme Campan. Ma petite, dont je t'enverrai le portrait par le premier courier, t'embrasse ainsi que Lili qu'elle n'oublie pas. Paulette s'amuse, elle va au bal. Murat marche sur Naples. Leclerc est à Dijon. Maman fait faire son portrait par Isabey, je lui ai donné 2,000 francs pour les trois portraits.

« Adieu, mon bon ami, je suis presque toujours chez Caroline. Je me suis composé une société bien agréable, j'ai cultivé les bonnes connaissances que j'avais faites au ministère; je les réunis quelquefois. Te voilà heureux à Madrid. Pourrais-tu nous oublier? non je ne le crois pas, j'aime à croire que tu m'aimes bien. — Giouffre [1] a été à Gênes, l'on a parlé beaucoup de la mission. — Tes amis sont bien aises de ton départ. — Campi [2] attend de nouveaux ordres.

« Embrasse Baciocchi et mille fois la petite Christinette.

« Toute à toi...

« ÉLISA [3]. »

1. Courrier.
2. Campi. — Nom d'un ami.
3. Arch. de la famille Baciocchi-Bonaparte (comm. particulière).

« Paris, le 27 pluviôse (11 février 1801).

« J'ai reçu, mon cher Lucien, ta lettre dure. Ton courrier est venu vingt-quatre heures après son arrivée chez moi. Je l'ai bien *grondé*. Je veux que tu leur ordonnes de venir tout de suite à la maison. Arnauld est arrivé hier; je ne l'ai pas encore vu. Lolotte se porte bien et commence à écrire. Je t'envoie son portrait et le mien [1], je l'ai fait faire ovale pour qu'il ne te blesse pas si tu le portes. Leclerc part aujourd'hui pour Bordeaux, il commande l'expédition. Fais ce que tu veux de Baciocchi, si tu crois qu'il soit plus avantageux qu'il aille avec le prince de la Paix, je le veux bien pourvu qu'il fasse son avancement et, ce qui vaut mieux encore, qu'il te fasse honneur, tu sais que je tiens à ce qu'on parle de lui. Si on fait la paix, tu l'enverras porter les nouvelles, peut-être quand tu seras de retour pourra-t-il se faire employer dans la diplomatie, qu'il pro-

1. Cette miniature est le premier portrait d'Élisa, connu.

Elle a figuré à l'exposition rétrospective de la Révolution et de l'Empire aux Champs-Élysées en 1895.

fite sous un si bon maître. Si tu étais à Paris,
tu irais en Russie, ce sera une belle ambassade. On dit que c'est Berthier qui ira. Nous
attendons Louis et Joseph, au premier jour;
dépêche le Portugal, afin de revenir parmi tes
amis, et tu en as à Paris qui savent t'appré-
cier. Talleyrand veut acheter la propriété du
Mercure, j'espère que tu la garderas : elle te
fait honneur et tous les jours il y a de nouveaux abonnés — ne la cède pas, je t'en prie.
Il y a demain grande fête chez Talleyrand pour
la paix. Duquenoy [1] a envie d'être sénateur, je
crois qu'il réussira : je le vois quelquefois, et
je n'ai qu'à me louer de lui.

Il fait si froid depuis huit jours, que je n'ai
pu aller embrasser ma Lolotte. J'ai reçu de
ses nouvelles par Mme Campan, qui m'écrit souvent; elle est bien aimable, car elle aime ma
Lolotte. Je désire, mon cher Lucien, d'occuper
la première place dans ton cœur, après tes enfants chéris; qu'il me tarde de voir Christinette,
de l'embrasser! Parle-leur quelquefois de moi.

1. Maire du Xe arrondissement de Paris et ami de
Lucien.

Dès qu'il fera beau, j'irai au Plessis passer deux mois, faire tout arranger, cultiver des fleurs... et continuer mon journal que j'ai cessé : la vie de Paris est si monotone, tous les jours la même chose. Je vais peu dans le monde, le spectacle est mon seul plaisir, et quelques fois je réunis mes amis qui sont en petit nombre, car j'aime à les bien choisir. — Nisas est tribun. Il a fait une autre tragédie, *Pierre-le-Grand*, je l'ai fait lire par Lafon[1], car Nisas lit très mal ; il y a de belles choses, la pièce est bien exposée et bien conduite, j'espère qu'elle réussira. — M. de Boufflers te salue, ainsi que Fontanes, Rœderer. — Bonaparte fait travailler quelquefois Fontanes ; — Fabrice est bien malade ; il a gardé le lit depuis huit jours, j'espère cependant que cela n'aura pas de suite...

« Arnauld vient de me remettre ta lettre. Nous avons beaucoup parlé de toi, mais je ne l'en tiens pas quitte, et demain je le ferai bien jaser.

---

1. Pierre Lafon (1773-1846), l'acteur sociétaire du Théâtre-Français.

« Toi, amoureux! ce prodige était réservé à
l'Espagne.

« Ta sœur et meilleure amie,

« ÉLISA. »

Toutefois l'objet de prédilection d'Élise, celui qu'on aurait mauvaise grâce à lui repro-
cher et que personne ne lui contestait dans
son entourage, parce qu'elle y trouvait un élément s'adaptant merveilleusement à ses dehors
et à ses goûts, était toujours ce salon de la rue
Verte, qui ne désemplissait pas d'invités de
marque. Le général Leclerc, son beau-frère,
s'en fait spirituellement l'écho dans une lettre
à Lucien, datée à quelques jours de là du
27 février 1801 « ..... On m'a dit que tu
t'amuses beaucoup, à Madrid. Je m'en réjouis
pour toi, mais j'ai beaucoup de peine à croire
que Madrid vaille Bordeaux.

« Élisa donne tout à fait dans les savants.
Sa maison est un tribunal où les auteurs
viennent se faire juger[1]. »

---

1. Iung. *Lucien Bonaparte et ses Mémoires*, II, 109.

Le prince des critiques littéraires, Laharpe, dont la santé, vu son grand âge, paraissait déjà chancelante, n'était pas l'homme le moins comblé par Mme Baciocchi. A l'appui du dire de Leclerc, voici un billet à elle adressé et dont les termes décèlent les services que Laharpe en recevait. « Vous avez su peut-être que je n'avais pas attendu vos nouvelles bontés pour vous remercier des premières. On a égaré une lettre dictée par la plus juste reconnaissance, mais quoique ma santé me rende l'écriture pénible, je retrouve encore assez de force pour remplir un devoir qui est aussi doux à mon cœur que le plaisir d'obliger l'est au vôtre. Je suis aussi touché que flatté de toutes les marques d'intérêt et de bienveillance dont vous ne cessez de m'honorer. Je souhaite de me voir bientôt à portée de vous offrir moi-même mes actions de grâces, et je ne doute pas qu'en connaissant la bienfaitrice, je ne mette encore plus de prix aux bienfaits [1]. »

1. Sans date, mais avec la suscription : « à Madame Baciocchi » (probablement 1801 ou 1802). — Même source que la lettre du 11 février 1801, publiée plus haut. Arch. de la famille Baciocchi-Bonaparte (comm. particulière).

Pour un observateur artiste, l'intérieur d'Élise répond à l'idée qu'on peut s'en faire. L'époque prête singulièrement au pittoresque et il faut se hâter d'en fixer le trait au passage, car elle n'a duré que quelques années avec un raffinement aussi subtil.

Dans le grand boudoir, tout est à la grecque ou peu s'en faut, et sans les mollets à bas de soie des hommes, sans leurs habits bleus ou verts à la française, sans leur tour de cou en oreilles de lapin, sans leur langage aussi qui rappelle le temps où ils vivent, les yeux s'attendraient volontiers de voir sortir de derrière une portière à palmettes, des contemporains ou des émules de Périclès. Sur une chaise longue aux formes les plus pures de grâce antique, ornée d'attributs mythologiques peints en vert et noir, est étendue une femme jeune, au masque sévère, pâle de teint, maigre, décolletée. Moulée dans un fourreau uni et flottant, elle a la taille serrée au-dessous des seins et son pied mignon chausse une sorte d'escarpin sans talon. La coiffure est relevée très haut, et des touffes de cheveux noirs frisottés en petites lyres l'agrémentent, laissant dépasser un bandeau d'or avec camée enserrant les tempes et le front. Des yeux vifs et profonds tels qu'on en voit rarement avec cet éclat, révèlent son intelligence et parent une physionomie plutôt ingrate dans son ensemble.

Élisa parle et jase sur tout, principalement sur la politique et les œuvres littéraires ; elle s'évente par coquetterie avec un minuscule éventail aux paillettes d'or, et elle a l'art de retenir autour de ses appâts un cercle d'admirateurs de toutes les tailles. Ceux-ci, l'air assez généralement béat, ne savent souvent que lancer un *susurrus* approbateur de toutes les paroles qui tombent de la bouche d'Aspasie.

Et sur ce cénacle absolument curieux, les lustres et les candélabres de coupe grecque, merveilleusement ciselés, jettent leurs feux ; les sièges à dossiers renversés et à bras de sphinx, en acajou ciré, complètent le décor.

Telle est l'Élise des réceptions littéraires, en 1801 ; considérons-la de nouveau maintenant quelques instants à travers l'abandon de sa correspondance familiale. Elle s'y montre sensible, peinée d'avoir déplu à Lucien, de là toute une mélancolie.

« 28 ventôse (19 mars 1801).

« *Au citoyen Lucien Bonaparte, à Aranjuez.*

« Le Blanc [1] est venu me réveiller à 5 heures et moi, toute joyeuse, j'ouvre le paquet et je ne trouve que des reproches. Je t'avoue, mon cher Lucien, que je n'ai pu m'empêcher de laisser couler mes larmes à la lecture de ta lettre. As-tu pu penser que je préfère quelque chose au plaisir de t'écrire? n'est-ce pas pour moi le premier bien? le reste ne vaut pas la peine qu'on s'en occupe. Je n'aurais pas cru mériter tes petits reproches. Je te dirai que le courrier est venu me dire qu'il partait, je l'ai envoyé chez Talleyrand, il n'était pas encore expédié. Il m'est venu deux ou trois visites que j'ai reçues, et pendant ce temps-là Fontanes faisait sa lettre et moi je m'ennuyais. Le courrier arrive et je n'ai eu que le temps de te dire que je t'embrasse, ne voulant pas le faire attendre; voilà bien des mots pour me justifier, mais si tu m'avais vue ce matin, tout ce que je t'écris aurait été inu-

1. Nom d'un courrier.

14

tile, tu m'aurais embrassée et tu aurais été charmé de mes larmes.

« Je remets cette lettre à Louis, je ne laisse plus échapper aucune occasion, il m'en a trop coûté pour un moment de paresse. J'ai expédié les ordres à Baciocchi; il sait bien que je ne puis t'oublier, mais tout le monde est contre moi. Heureusement que c'est la première fois depuis ton départ, sinon, je crois que je serais partie. Tu n'as pas besoin de me recommander d'être avec ma famille, je ne passe pas de jour sans voir maman et j'ai même réussi à m'en faire aimer, mais bien; je crois qu'après toi, c'est moi qu'elle aime le mieux. Tu dois voir que j'ai fait de grands efforts pour en venir là. Je vois souvent Joseph que j'aime bien, ainsi que tout le reste de la famille. Je ne vois point d'autre société. Une fois par mois je vais passer une demi-heure chez Juliette [1], et toute ma liaison se borne à cette politesse, qu'elle me rend au centuple. Je vais à la campagne et à mon retour je ne la verrai pas si cela te fait de la peine.

---

1. Mme Récamier.

« Mes plaisirs sont le spectacle ; il n'y a personne qui connaisse moins le plaisir que moi, je suis retirée de bonne heure, je ne danse pas et je connais fort peu de monde.

« Adieu, mon ami, reviens vite, alors je me dirai, à juste titre, la plus heureuse.

« Toute à toi.

« Elisa. »

Le 1ᵉʳ germinal an IX (21 mars 1801), Elise assiste pourtant — son rang nouveau l'y oblige — à la belle fête donnée par Berthier, ministre de la guerre. Elle ne paraît pas y trouver grand agrément, car voici comment elle en rend compte à son frère Lucien :

« Le 2 germinal (23 mars 1801).

« Le Blanc n'est pas encore parti, il en est désolé ; tu ne lui as donné que quatorze jours et on ne l'expédie jamais.

« Berthier a donné hier une fête superbe ; il y avait 2,000 personnes, beaucoup d'ordre, une comédie analogue aux circonstances qui a été bien jouée par des acteurs de divers théâtres, mais qui était assez mal écrite. Un pas russe par Mlle Chevigni et Goyon. Le menuet de Pâris, par Vestris et Gardel. Un souper de 300 couverts et après souper un grand bal... Tu es sans doute étonné que Berthier ait pu rassembler chez lui 2,000 personnes. Il a fait bâtir une grande galerie, le double de celle du ministère, elle était décorée très simplement; les colonnes étaient des canons et le nom d'une bataille sur chaque canon. L'on a dansé jusqu'à 9 heures du matin; à minuit et demie, j'étais dans mon lit, c'est bien raisonnable. Je ne trouve plus de plaisir à toutes ces sociétés. Quand viendras-tu? Alors je reprendrai toute ma gaieté. Bonaparte est parti pour la Malmaison; il va y demeurer deux mois, à ce qu'il dit; je doute qu'il exécute son projet.

« M. de Cobenzl veut que je ne l'oublie pas et m'a parlé de toi avec enthousiasme; il est très aimable. Joseph va aller à Mortefontaine, tout le monde en campagne et moi je vais au Plessis t'attendre; tu viendras après la paix du Portugal, je l'espère, et je crains toujours que mes beaux projets ne se réalisent pas.

« Sappey [1] part demain, je lui remets cette lettre. Mme Campan m'a écrit que Lolotte était très obéissante et qu'elle jouait du piano. Elle t'embrasse. Mille baisers à ma Lili que j'aime bien; que j'ai envie de la revoir! L'on me conseille d'aller à Plombières prendre les eaux. Je ne puis m'y déterminer. Je mourrais de chagrin si tu arrivais à Paris pendant mon absence. J'attendrai ton retour pour me décider.

« Embrasse Baciocchi. Je ne doute pas que son amitié pour toi soit toujours au même degré. J'ai bien envie, si on fait la guerre [2], qu'il se distingue et fasse parler de lui, — je ne sais quel démon de gloire m'agite, mais je t'assure

1. Sapey, ancien fournisseur de l'armée du Midi, accompagna Lucien.
2. Allusion à la guerre alors possible et prévue, que l'armée de Gouvion-Saint-Cyr, en ce moment sur la frontière de Portugal, devait ouvrir contre ce pays, de concert avec les troupes espagnoles, si celui-ci n'avait pas rejeté les liens qui l'attachaient à l'Angleterre.

que toute mon ambition se borne à ce qu'il se fasse connaître.

« Mille et mille baisers.

« Ta meilleure amie,

« ELISA [1]. »

Elisa assista aussi à la fête qu'offrit Talleyrand, à Neuilly, après la signature du traité de Lunéville. Les jours suivants, elle fait un voyage à Marseille avec Charlotte, fille de Lucien [2].

Quant à Baciocchi, il était déjà à cette époque le mari timide et déférent subjugué par l'ascendant de sa femme. Il n'a pas beaucoup d'ambition à vrai dire, mais Elise en a pour lui, comme on vient de voir. Le nouveau secrétaire de légation avait alors le grade d'adjudant commandant.

1. Arch. de la famille Baciocchi-Bonaparte (communication particulière).

2. Iung. *Lucien Bonaparte et ses mémoires*, II, 459. Lætitia Bonaparte à Lucien : « ... Elisa et Charlotte vont à Marseille... » Lettre datée de Paris, 2 germinal an IX (22 mars 1801).

A Madrid, à Aranjuez, Baciocchi favorisait
de son mieux les succès de tout ordre qu'obtenait
son beau-frère. Lucien avait en effet « déployé
tant de bonne grâce et d'esprit de justice et de
convenance[1] », qu'en moins de trois mois il
avait positivement conquis le roi, la reine et
Emmanuel[2], le grand favori en titre de celle-ci,
l'homme indispensable qu'il fallait avoir pour
soi, dans cette cour corrompue. Ils devinrent
bientôt deux inséparables.

Le 21 mars 1801, avant-veille du jour où
Elise lui écrit la lettre ci-dessus, Lucien signe
à Aranjuez avec le prince de la Paix le traité par
lequel l'Espagne abandonnait la Louisiane à la
France, en retour de la cession par le Premier
Consul de la Toscane à l'Espagne où devait
désormais régner un Infant gendre de Charles IV[3].

Suivons un instant l'ambassadeur français.
Quand Son Excellence arrive à Aranjuez (douze

1. *Mémoires du prince de la Paix*, III, 84.
2. *Alias* le prince de la Paix, que Charles IV n'appelait que par son petit nom.
3. Voyez notre ouvrage : *Le royaume d'Etrurie*, p. 54
et 55.

lieues de Madrid) la cour venait de s'y transporter comme à chaque printemps; une ani-
mation générale dans le Fontainebleau espagnol
révélait sa présence. Le demi-abandon où est
laissée cette ville royale aujourd'hui, ne permet
guère de soupçonner le tableau qu'elle présen-
tait à nos compatriotes en 1801. Palais, ca-
sernes et maisons se sont rouverts devant
leurs hôtes des grands jours. Les costumes de
cour qu'on y croise par les larges rues naguère
désertes, les uniformes des gardes du corps, et
des gardes wallones de S. M. Catholique sont
étincelants. A ceux-ci se mêlent les gens de
livrée, palefreniers, écuyers, piqueurs, valets
de vénerie, muletiers, chapelains, pages, serviteurs affairés de toute espèce en un mot,
mais ayant l'air des circonstances. Les grands
ont amené leurs maisons, le corps diplomatique,
ses carrosses. A chaque heure se succèdent
les courriers de cabinet et les chaises de poste.
Ce branle-bas est encore augmenté par une
armée d'ouvriers travaillant dans les longs
échafaudages qui dessinent déjà la galerie en
briques et pierres et à arcades, surmontées de
terrasses destinées à relier le palais du premier

ministre Godoï au *home* royal. Le soir les
salons s'illuminent, la reine tient cercle.

Au milieu des notabilités présentes apparaît
un jeune diplomate au teint mat, pâle, aux
yeux noirs expressifs et jetant l'éclair, à la
tournure élégante et grave tout ensemble. Sa
conversation pleine d'aperçus, ses sourires gracieux aux dames, sa suite d'officiers prestigieux
revêtus du dolman des hussards et de riches
broderies, rien n'échappe à la sympathie de nos
alliés. La reine-mère surtout en raffole et Lucien bientôt est mis sur un tel pied d'intimité
qu'il peut entrer à toute heure du jour au palais
et aborder la famille royale. Quand les longues
conférences sont terminées entre le premier
ministre et lui, il n'est pas rare de voir Lucien
descendre dans le jardin *del Principe* et arpen-
ter ses allées majestueuses avec Charles IV.
Assez artiste lui-même pour se passer d'autrui
mais rempli de tact et de politesse, le roi philosophe demande à son hôte des conseils pour le
Trianon qu'il a médité d'édifier dans ce jardin
et qu'il appellera *la Casa del Labrador* (maison
du laboureur). Lucien ne les lui ménage point,
et c'est à lui, dit-on, que Charles IV dut l'idée

qu'il va réaliser dans ce petit palais, de faire
une place aux bustes des grands hommes de la
Grèce et de Rome, auxquels il adjoindra par
une attention de délicatesse singulière, celui
du premier Consul.

La suite de l'ambassadeur ne se compose pas
seulement d'officiers de l'armée d'Italie, de
généraux détachés du corps expéditionnaire de
Portugal. On y rencontre aussi des savants,
des hommes de lettres et même des artistes. Ce
sont, parmi ces derniers, des sujets distingués,
tels, Lethière, futur directeur de l'École de
Rome, chargé d'acheter des tableaux pour Son
Excellence ; Sablet, l'intime de Lucien et témoin
du 18 brumaire à l'Orangerie de Saint-Cloud,
dont il a retracé un épisode pour son Mécène,
dans une toile qui a été conservée [1] ; enfin, parmi
les hommes de lettres, Arnault, qui frappé des
goûts simples et rustiques du monarque, compose alors sa tragédie *du roi laboureur* appelée
à lui ouvrir prochainement les portes de l'Académie de Madrid. D'autres, à l'esprit plus utili-
taire, se dirigent vers les haras, ou plus rêveurs

1. Au musée de Nantes actuellement.

vont, un livre à la main, s'asseoir aux bords
du Tage aux eaux lentes et jaunies, dans ces
heures de liberté si douces et reposant du fra-
cas de la politique et des armes.

Le traité d'Aranjuez avait scellé l'accord
entre la maison d'Espagne et la France. Charles IV et la reine Marie-Louise, surtout, exul-
taient de penser que leur propre fille allait
occuper un nouveau trône, reconnu, comme
ça avait été formellement stipulé, par toutes
les puissances; ils ne regrettaient pas pour ces
motifs l'abandon de la Louisiane.

L'affaire du Portugal allait, par fortune et de
ce chef aussi, se trouver singulièrement sim-
plifiée. Le prince de la Paix se mit à la tête des
troupes espagnoles qui marchaient avec les
nôtres commandées par Saint-Cyr. On arriva
aux frontières, on occupa deux places; tout
cela dura trois jours et le Portugal, où régnait
un autre fils de Charles IV, demanda à traiter.
La diplomatie habile du premier Consul et de
Lucien, appuyée par une démonstration armée
avait suffi. Et Bonaparte, avide de gloire, n'y
avait pas d'abord trouvé son compte. Il aurait

voulu pour la France, comme Elisa pour son mari, quelques succès militaires ; il laissa percer son dépit, en taxant de trop anodines les clauses du premier traité de Badajoz que Lucien avait ratifiées.

Baciocchi, de son côté, avait suivi Lucien à Badajoz, lorsque celui-ci négocia et signa hâtivement avec le prince de la Paix et Pinto, le 17 prairial (6 juin) un traité de paix entre la République française et le Portugal, traité qui fut désapprouvé à Paris et tout au plus accepté comme protocole. Baciocchi y était le 10 mai 1801, avec le général Saint-Cyr et les fils du consul Lebrun [1]. Un mois auparavant, le 13 floréal (3 mai), de Talavera de la Reyna où il se trouvait, Baciocchi écrivait à son beau-frère Lucien : «... Si cela continue, le soleil ne nous incommodera pas, car hier et aujourd'hui nous avons marché toujours avec de la pluie et dans quatre jours nous avons fait 18 lieues... ; le

1. *Lucien Bonaparte et ses mémoires*, II, 82 et suiv. — Il y a un très beau buste du fils du consul Lebrun au musée de Riom, par Masson, sculpteur du temps. Ce jeune homme porte l'uniforme de houzard ; il avait été aide de camp du général Desaix.

général a un peu trop soin de ses chevaux... Si j'ai des lettres d'Elisa faites-les moi passer[1]. »

Toutefois, comme l'avait prévu Elisa, il ne séjourna pas longtemps en Espagne, huit mois tout au plus.

A la reprise des négociations, un instant suspendues par le différend qui s'éleva entre le premier Consul, mécontent du protocole signé à Badajoz, et Lucien, l'accord se fit bientôt sur de nouvelles bases plus favorables à la France, que Talleyrand transmit de Paris, et le 29 septembre 1801 la paix était définitivement conclue à Madrid[2]. La médiation de l'Espagne avait servi à rapprocher les deux Etats alors en guerre, la France et le Portugal. Dès que leurs plénipotentiaires — en l'espèce M. Cyprien Ribeiro Freire au nom du prince régent de Portugal et le citoyen Lucien Bonaparte pour la République française — eurent signé en double les six articles du traité plus un septième additionnel, Baciocchi fut chargé par son beau-frère, comme l'avait demandé Elisa et

1. Relevé des catal. Et. Charavay.
2. Et non le 18 septembre, comme l'avance par erreur M. Iung (Mémoires de Lucien, II, 98).

15

faute de mieux, de porter au premier Consul le document original. Parti le 30 septembre de Madrid, il arriva à Paris le 6 octobre 1801 et y resta [1].

Cette même année (juin 1801) Mme Baciocchi suivait à Paris les fêtes [2] que son frère le vainqueur de l'Italie, offrait aux jeunes souverains d'Etrurie, qu'elle devait remplacer quelques années plus tard. Nul ne pouvait alors prévoir un pareil avenir et tout était à la joie sincère de cette réception de la part des parents du premier Consul.

A ce moment, Elisa fut sollicitée par Fontanes de servir de marraine à son enfant. De Paris, le 10 messidor an IX (29 juin 1801), Fontanes mandait à Lucien à Madrid : que Mme Baciocchi a accepté et qu'il le prie de vouloir bien être le parrain de l'enfant dont sa femme va accoucher [3].

L'amitié qui s'était établie entre Elise et Fontanes ne remontait guère à plus d'un an, aux

1. Pièces justif., n° XII.
2. Voyez notre ouvrage : *Le royaume d'Etrurie*, chap. ii,
3. Catal. Charavay. (Vente du 10 mars 1886.)

soirées du ministère, mais elle avait pris un développement rapide. Mme Baciocchi goûtait l'esprit orné de Fontanes, non moins que l'admiration qu'il vouait au premier Consul. A l'époque de la conclusion du Concordat, le 28 germinal an IX (18 avril 1801), Fontanes écrivait ceci à Lucien alors en Espagne :

. . . .

« En dépit de quelques alarmes, je me confie entièrement à la fortune du premier Consul. J'ai lu l'histoire et je n'ai jamais vu qu'un grand homme s'élevât si haut pour manquer ensuite à sa destinée. Il faut que le dénouement soit digne de ce grand drame que j'ai vu commencer et que j'espère voir bientôt finir.

«... Si le culte se rétablit, comme je l'entends publier de toutes parts, c'est un grand pas vers le but désiré.

«... Je vis très retiré. Je ne sors que pour aller m'entretenir de vous avec celle qui vous aime le plus. N'allez pas croire que c'est une des mille Arianes que fait votre absence. C'est mieux que cela. C'est une âme et un esprit comme le vôtre. Mes livres, la rue Verte[1] et Madrid, voilà où sont toutes mes pensées. Mme Baciocchi peut vous dire si je vous suis tendrement attaché et si je m'occupe de vous. Elle a la bonté de me recevoir quelquefois; elle aime à m'entendre parler de son frère[2]. »

Entre temps, Mme Baciocchi s'occupe de sa nièce Lolotte mise depuis peu au pensionnat de Saint-Germain. Quand elle était malade, Mme Campan envoyait un bulletin quotidien de sa santé à Mme Baciocchi[3].

Après avoir conclu la paix, Lucien, atteint d'une nostalgie non dissimulée pour tous, revenait à Paris, le 20 décembre 1801. Il y revenait fortune faite, et une de ses dernières inquiétudes

1. Nom de la rue ou était, comme nous l'avons marqué, la demeure de Mme Baciocchi.

2. La présente lettre a été publiée intégralement par G. Pailhès, dans un ouvrage intitulé : *Chateaubriand, sa femme et ses amis,* 1 vol. gr. in-8. Champion, 1896, p. 74 et 75. On n'en connaissait jusque-là que des extraits insérés au *Bulletin d'autographes,* n° 250, janvier 1893.

3. *Correspondance de* Mme *Campan avec la reine Hortense,* I, 158.

avant de réintégrer sa patrie, avait été le transport de toutes ses richesses : il rapportait avec lui 200,000 écus de diamants reçus en cadeaux pour ses traités de Toscane et de Portugal [1]; les tiroirs à secret de sa berline en étaient remplis; il s'empressa, sitôt arrivé, de les mettre en lieu sûr, ou de les négocier avec des intermédiaires d'Amsterdam; puis ses visites de Paris une fois faites, il alla se terrer au Plessis.

Ce retour de Lucien et de Baciocchi rend à Élisa ses goûts mondains. En février 1802, l'amiral Decrès, ministre de la marine, donne un premier bal où se rencontrent les familles des membres du gouvernement, le corps diplomatique, les étrangers de distinction et les officiers de la garde consulaire. On cite parmi les invités Serra, envoyé extraordinaire de la république ligurienne; le marquis de Gallo, ambassadeur de Naples; le comte et la comtesse Zamoïska, les Récamier; Madame Vis-

---

1. *Mémoires de Lucien*, II, 104 et 118. — L'écu de l'époque, c'est-à-dire de la République française étant de 5 francs, le calcul de ce trésor monte donc à *un million* de francs.

conti, le ministre de la république italienne et ses filles mesdemoiselles Marescalchi, etc., etc. Si Elisa ne peut aller dans tous les salons qui se rouvrent chaque jour plus nombreux, sur l'ordre du premier Consul, c'est que parfois, comme nous le verrons bientôt, son état de santé l'en empêche.

CHAPITRE IV

La belle saison revenue, Elise se prodigue davantage. Pendant les étés de 1801 et 1802, par exemple, elle fit une villégiature au château de Mortefontaine, chez son frère ainé, le législateur.

Joseph Bonaparte y réunissait une société choisie. Tels, le comte de Cobenzl (très lié avec lui depuis Lunéville), qui y était établi à demeure et y avait amené le poète italien Casti;

Stanislas de Girardin, — alors occupé à réparer Ermenonville, — l'administrateur Miot, Rœderer, Regnault de Saint-Jean d'Angely ; tels M. de Jaucourt, les poètes Arnault, Andrieux, Boufflers et Fontanes ; Marmont, Chauvelin, Mathieu de Montmorency, outre plusieurs autres hommes d'Etat et littérateurs français et étrangers. Je passe des amis particuliers de Joseph, grands propriétaires des environs, ou généraux connus par leur goûts cynégétiques.

En femmes, après Mme Joseph, figure douce et quelque peu mélancolique, Mmes Baciocchi, Leclerc et Murat, alors dans tout l'éclat de la jeunesse, formaient un trio à peindre ; Mme de Staël, très éprise de Chateaubriand et scandant avec âme des passages d'*Atala* et de *Réné*, trouvant quand même encore des yeux pour le maître de céans [1], y tenait une place distinguée

1. Méneval revient encore dans son IIIe volume, p. 150 et 151, sur ce séjour de Mme de Staël à Mortefontaine : « J'avais passé plusieurs mois de l'été de 1801 avec elle et ses deux enfants à Mortefontaine, où elle employait toutes les séduction de son esprit pour captiver le propriétaire de cette charmante retraite. Elle en prit l'occasion de m'écrire des environs de Blois, vingt lettres des plus éloquentes, etc..... »

à côté de Mme de Boufflers, ci-devant Mme de Sabran. Les parties de chasse, de pêche, les promenades en barquettes ou en chars à bancs, le soir des lectures, de la musique, le jeu, enfin la comédie, des proverbes surtout récréaient les invités. Les sœurs du premier Consul remplissaient les principaux rôles avec M. de Cobenzl, sans égal dans les scènes comiques.

. . . .

« ...Le poète Casti, dit un témoin, répétait le soir ce qu'il avait composé dans la journée. Il a fait, à Mortefontaine, une partie de son poème *les Animaux parlants*. On le rencontrait assis au pied d'un des arbres séculaires qui ombrageaient les roches éparses sur les côteaux des étangs, cherchant l'inspiration qui n'était jamais rebelle à son génie facile. Casti était poète lauréat de Vienne. Il avait succédé à Métastase dans cette charge de poète impérial qui s'est éteinte avec lui. C'est M. de Cobenzl qui l'avait présenté à Mortefontaine. Il avait alors près de quatre-vingts ans, mais il avait la verdeur et la vivacité de la jeunesse. Doué d'une constitution de fer, il avait passé victorieusement par les plus violents remèdes. Il ne lui en était resté qu'un nasonnement qui gênait un peu sa prononciation. Il était en continuelle hostilité avec Mmes Murat et Leclerc, qui l'avaient choisi pour victime. Tantôt elles lui enlevaient sa perruque, pendant qu'il méditait gravement dans son fauteuil ; tantôt elles venaient brouiller l'échiquier au moment où il était absorbé par un coup difficile. Aussi leur gardait-il rancune et refusait-il de leur adresser des vers qui lui coûtaient si peu. Il était plus complaisant pour Mme Baciocchi sur le nom de laquelle il fit un madrigal qu'on trouva, un matin, collé sur la glace de la cheminée du salon. Ce madrigal roulait sur les mots *baccio* et *occhi*, en l'honneur des yeux de Mme Elisa, qui les avait très beaux. Le bon et spirituel Andrieux, auteur de charmantes comédies et de poésies que n'eut pas désavouées Voltaire, était un des habitués de Mortefontaine. La carrière législative l'avait enlevé aux lettres, auxquelles le rendit la suppression du Tribunat. Il avait eu envie de traduire en vers les « Animaux parlants » de Casti. Il n'a pas exécuté ce projet, il s'est borné à traduire la nouvelle de ce poète qui a pour titre : *La Bulle d'Alexandre VI.*

« Il y avait assez souvent à Mortefontaine de grandes chasses à courre et à tir dirigées par le général Berthier [1] et par M. d'Haneucourt, qui s'essayaient le premier à la charge de grand veneur, et l'autre à celle de capitaine des chasses.

« L'hospitalité des propriétaires de Mortefontaine était noble et honorable. Ils charmaient leurs hôtes par une politesse naturelle et par des manières simples et affectueuses.

« Le voisinage de la terre de Plessis-Chamant dont Lucien Bonaparte était propriétaire, rendait fréquentes les communications avec Mortefontaine et contribuait à l'agrément des deux résidences. Elles n'avaient rien de fastueux, mais elles étaient le rendez-vous d'hommes de mérites divers. Sous ce rapport le Plessis était l'émule de Mortefontaine ; le goût dominant au Plessis était celui des re-

1. Le général Alexandre Berthier, alors ministre de la guerre, était un grand chasseur devant l'Eternel. On connaît deux lettres de lui, de cette époque, invitant Joseph à des battues au Raincy, où il possédait une petite maison, puis au pavillon de la Muette avec Girardin, à Saint-Germain et à Saint-Maur.

présentations tragiques, l'acteur Lafond les dirigeait. Lucien était veuf de sa première femme, Christine Boyer, qui lui avait laissé deux filles. L'une a épousé le prince romain Gabrieli, l'autre s'est remariée en secondes noces, à lord Dudley Stuart. Mme Baciocchi, tendrement attachée à son frère, passait l'été au Plessis; elle protégeait hautement le poète Fontanes. La marquise de Santa-Cruz, espagnole, que Lucien avait connue dans son ambassade de Madrid, aidait Mme Baciocchi à faire les honneurs de sa maison; elle passait pour exercer sur son esprit une grande influence [1]. »

Femme d'un très vieux chambellan intime du roi Charles IV, Mme de Santa-Cruz était, suivant Lucien lui-même, « un peu sur le retour, belle, spirituelle, bonne mère, amie sincère[2] », qualités suffisantes pour avoir tout crédit auprès d'Elisa; mais il nous échappe

1. Méneval. *Souvenirs historiques*, I, 64 et suiv., 2e édition.

2. *Lucien Bonaparte et ses mémoires*, édition Iung, II, 33 — (note).

comment Lucien avait pu lui faire alors quitter Madrid pour Paris : la chronique s'arrête là.

Durant l'été de 1802, la société consulaire avait, si possible, encore lutté d'élégance. Talleyrand soupait à Auteuil, dans sa villa, servi, dit-on, par des nymphes vêtues à la grecque. On jouait la comédie à Malmaison, en cercle intime, la tragédie, au Plessis ; Hortense et Caroline remplissaient les premiers rôles. Elisa, élevée à Saint-Cyr, parlait purement et sans accent ; elle était très bonne actrice tragique, surtout dans Chimène, son triomphe. Dugazon, l'acteur comique, donnait des leçons de déclamation à tout ce beau monde [1]. La salle de spectacle du Plessis, que Lucien venait de faire construire, en même temps qu'une grande galerie pour ses tableaux, contenait près de trois cents places. On rencontrait alors au Plessis, parmi les invités de Paris, les acteurs Talma et Lafon, Lannes, Murat et Caroline, Fontanes, Arnault, Laborde, Duquesnoy, maire

1. Iung. *Mémoires de Lucien.*

de l'arrondissement où logeait Lucien, etc.
Chateaubriand, alors au début de sa renommée,
en outre jeune homme de parfaite distinction[1],
y vint aussi dîner[2]. Il fallait qu'il fît sa cour et
qu'il se montrât à l'entourage intime de Bonaparte, en dépit du dédain qu'il affectera plus
tard, à son endroit, car voici ce qu'on peut
lire de lui dans une lettre à Fontanes écrite un
peu après l'apparition de son ouvrage sur le
Christianisme en 1802 : « ..... J'ai vu les
Grands, hier, ils paraissent bien disposés. *Pro-
tégez-moi donc hardiment, mon cher enfant.
Songez que vous pouvez m'envoyer à Rome.*

1. On a vu jadis de lui dans le commerce un portrait exactement de cette époque, tableau fort rare,
à la trace perdue aujourd'hui et qui semble ignoré
de tous les écrivains qui se sont occupés de Chateaubriand. Robert Lefèvre, l'artiste auquel on l'attribuait, avait représenté le jeune écrivain assis sur
un tertre, dans une attitude méditative, un livre à la
main.

2. On sait que ses mémoires sont conçus dans un
tout autre esprit que celui qu'il avait en 1801 et 1802.
Aussi, ne pouvant cacher qu'il avait été le commensal
de Lucien au Plessis, Chateaubriand écrit qu'il fut
« *contraint d'aller dîner au Plessis* ». Cette partie des
mémoires a été rédigée en 1837. Édition Garnier,
vol. II.

*C'est aujourd'hui que Mme B... (Baciocchi) pré-
sente l'ouvrage au consul[1]. »*

Elise, lectrice assidue de ses œuvres, n'était
pas la dernière à raffoler de Chateaubriand,
parmi les femmes ; — leur suffrage unanime
lui était acquis pour son exquise sentimentalité
qui les ravissait. — Il y a mieux : Élisa s'était
mis en tête de le rallier à son frère.

Chateaubriand venait donc, et pour cause, à
ces réunions distinguées du Plessis ; les charmes
de la conversation entre gens de lettres se pour-
suivaient souvent sous les beaux ombrages du
lieu. Et puis, à ce moment, Chateaubriand son-
geait à faire une carrière dans la diplomatie.
Rome lui convenait et l'attirait pour ses grands
souvenirs ; il n'avait pas de fortune, ni même
d'argent d'avance[2]. Il dira bien plus tard dans ses
Mémoires qu'on lui offrit la place de premier
secrétaire à Rome, que Fontanes et Mme Baciocchi, après son entrevue avec le consul, chez

1. Bibliot. de Genève, mss. franc., 209. Papiers de
Fontanes.

2. Nous publierons un jour, lorsque nous parlerons
des rapports d'Élise avec les littérateurs, une lettre
édifiante à cet égard.

Lucien « le pressaient de profiter de la fortune et qu'il ne céda qu'aux instances de l'abbé Emery » qui était l'intime du cardinal Fesch. Il fallait bien se chercher une défaite, dans ces Mémoires en contradiction avec ses lettres du temps et qu'inspire tout du long un esprit de fiel, d'amertume et de réaction bourbonienne. La lettre précédente, qu'on vient de lire, dénote assez qu'il désirait Rome, sans qu'on ait besoin de l'aller supplier. Or, l'autographe, bien du temps, est conservé dans un dépôt public, et demeure.

Lucien n'oubliait pas, non plus, les petits. Par ces beaux jours d'été, son parc de Chamant était libéralement ouvert aux habitants de Senlis [1].

Les représentations théâtrales du Plessis et la fréquence des réceptions de Lucien produisaient le meilleur effet sur la foule qui aime voir les puissants du jour savoir tenir leur rang. Dans la famille du Consul, ce goût était aussi très apprécié. Louis Bonaparte, colonel du

1. *Chronique indiscrète du* XIXe *siècle*, 1 vol., 1825, 179.

5° régiment de dragons, alors en congé aux
eaux, où il avait accompagné sa jeune femme,
Hortense de Beauharnais, retour du Plessis,
écrivait de Barèges, à sa sœur Elisa, le 21 messidor an X (10 juillet 1802) : « J'apprends, ma
chère Elisa, qu'on a joué la comédie chez
Lucien. Sans doute, tu as chaussé le cothurne,
car je sais que vous ne vous abaissez pas au
comique et préférez le drame. Dis-moi si vous
vous êtes bien amusés. La troupe de Malmaison
vous a visités, et la présence de quelques ri-
vaux vous aura sans doute excités. Je suis
curieux de tout cela [1].

Déjà, en 1801, ce même Louis — à Barèges
encore — avait confié à sa sœur aînée les ap-
préhensions personnelles qu'il avait de revenir
à Paris..... Son régiment a reçu l'ordre de
quitter l'Espagne. Il demande à Elisa s'il peut
aller à Paris, sans crainte d'être pressé de nouveau pour le mariage projeté entre Hortense et
lui, par Joséphine et le premier Consul. Avec
ou sans arrière-pensée, — les contemporains

1. Papiers trouvés aux Tuileries en 1870, copie faite
par M. Claretie, publiée dans son recueil : *l'Empire, les
Bonaparte et la cour*, p. 137, 1 vol. in-18, 1871. Dentu.

ne le disent pas, car on ne sait si elle embras-
sait chaleureusement, pour son frère, ce projet
d'établissement, — Elisa influe sur la destinée
du jeune colonel, comme elle aura même occasion de le faire quelques mois plus tard, de
façon innocente vis-à-vis Lucien, en favorisant
sa connaissance avec Mme Jouberthon. Ces deux
mariages produisirent, quoique en sens différent, de fâcheux résultats et Elisa, inconsciente
de l'avenir, les favorise à leur début, comme
elle en nouera bien d'autres, entre ses intimes
à Lucques et à Piombino. Encore là, a-t-elle
au moins pour excuse un but patriotique : la
fusion des familles françaises et indigènes. En
tout cas, c'est un faible qu'il faut lui reconnaître, commun à bien des femmes d'esprit.
Elise poursuit pour les autres, sinon pour
elle, l'intrigue amoureuse, et les exemples
que nous en avons relevés dans sa vie, prouvent qu'elle joua très bien avant l'âge ce
rôle scabreux de douairière naïve ou cherchant à tuer ses loisirs..... elle se prend à
marier !

Pour ne parler que du présent, elle répond à
Louis en le rassurant et en lui affirmant qu'Hor-

tense est promise à l'un des deux généraux Moreau ou Macdonald qui l'avaient recherchée[1]. Tout cela prouve, en somme, qu'Élisa, en dépit d'erreurs dont on ne peut la rendre responsable, — car nul ne connaît l'avenir, et ses intentions étaient pures, — inspirait confiance et affection à ses frères.

Peu après, on se réunissait à Neuilly, autre campagne de Lucien ; on y jouait aussi des pièces de théâtre. Toute la famille était invitée et Élisa remplit le rôle d'Alzire, Lucien jouait Zanore. « La chaleur des déclarations, l'énergique expression des gestes, la vérité trop nue des costumes révoltèrent les spectateurs. Lucien fut réprimandé par le premier Consul. Froissé, il répondit en demandant si Hortense ne venait pas de jouer elle-même, à Malmai-

1. Moreau, outre le château de Grosbois, possédait alors un petit hôtel avec jardin, rue du Mont-Blanc (aujourd'hui Chaussée-d'Antin, au fond de la cour du n° 20), — qui existe encore, bien que surélevé, et dont le recueil de Krafft, sur les *Maisons de Paris*, nous a fait retrouver la trace. Son intérieur est fort joli.

Mais il ne tarda pas à s'agrandir et à acheter une grande maison rue d'Anjou.

Le mariage de Louis et d'Hortense eut lieu néanmoins et fut célébré le 4 janvier 1802, à Paris.

son, une comédie fort leste, d'Étienne, le *Pacha de Suresnes*[1]... »

Mais revenons à la villégiature d'Élise au château du Plessis ; Mme Lætitia, de son côté, y faisait de longs et fréquents séjours dont sa santé s'accommodait d'autant mieux qu'elle y recherchait peu la foule brillante des invités[2]. « Mme Clary est sa seule société, elle aime cette solitude », écrivait au mois d'août 1803, le vicaire général Jauffret[3].

Une lettre qu'on lira ci-après, de Fontanes, adressée à Élisa, apporte sur la société du Plessis-Chamant et surtout sur les mœurs de Lucien dans sa terre, des révélations piquantes. Fontanes était auprès d'Élisa grand favori.

1. Van Scheelten. *Mémoires sur la reine Hortense*, I, 211.
2. Lucien, d'après Reichardt, n'y hébergeait pas moins de 30 à 40 invités, avec leur domesticité, pendant la belle saison... Il possédait dans ses écuries plus de 100 chevaux et en tous cas, plus que le premier Consul. (*Un hiver à Paris sous le Consulat.* Plon, 1 vol., 1896, *passim.*)
3. Lettre autographe au cardinal Fesch. — Jauffret (G. J. A.), 1759-1823, déjà chapelain du premier Consul, futur évêque de Metz et bientôt l'un des grands aumôniers de la cour.

Certains auteurs peu scrupuleux ont même avancé qu'il fut son amant et qu'il lui dut toute son élévation. Ces allégations posthumes, vis-à-vis la mémoire d'une femme, valent-elles le moindre document authentique ? — les preuves manquent de ce côté et, à vrai dire, on le conçoit, les amants n'ayant pas l'habitude de laisser leur correspondance intime traîner pour la postérité, fût-elle même voilée sous les traits de littérature ; quant au second chef, il est certain. Nous aurons l'occasion de montrer qu'Élise aida à la carrière de son ami, mais Fontanes ne serait-il arrivé à rien sans son appui ? — Nul n'ignore que le mérite personnel de Fontanes, joint à ses relations, avait déjà assez de consistance dès 1802, pour lui ouvrir le chemin de la renommée. Il faut, en tous cas, bien se défier des sources auxquelles on doit de telles affirmations. Elles émanent de pamphlets, la plupart rédigés en 1815, ou sous la Restauration, inspirés même par les officines anglaises, ou de mémoires visant la note scandaleuse en vue d'un succès facile auprès du monde officiel d'alors.

Ces *factums* (aujourd'hui à juste titre effacés

par l'histoire, telle que notre époque s'honore
de l'écrire, pièces justificatives à l'appui) dont
les principaux sont : le *Cabinet* de Goschmidt
(Londres, 1814); *Mémoires d'une femme de qualité; l'Ermite en Italie*, de Jouy[1]; les *Mémoires
de M. de Jullian*, — il serait facile d'en trouver
d'autres, — vont jusqu'à attribuer quatre amants
à Élisa dans le cours de sa vie, tous quatre
hommes de belle stature d'ailleurs et de
bonne mine : d'abord (à tout seigneur tout
honneur), Fontanes; le fournisseur Hainguerlot, mari pourtant d'une beauté à la mode,
d'une merveilleuse ni plus ni moins; le chambellan Lucchesini et le baron Capelle, préfet de
Livourne[2]. Mlle Avrillon émet, d'autre part, en
parlant d'Élisa des énonciations vagues, sans

1. Ouvrage aussi attribué à Villemarest.
2. Pas la moindre trace de lettres entre Hainguerlot et Elisa dans les milliers de papiers publics et
privés vus par nous; toutefois, Élisa connut ce banquier et plaça auprès d'elle, à Lucques, son beau-frère,
le colonel Adolphe Beauvais. Une lettre de Napoléon à
Élisa, datée de Fontainebleau, 13 novembre 1807, et
récemment publiée, prouve le peu d'estime qu'avait
l'empereur pour Hainguerlot, dont on sait aussi les
intrigues auprès du roi et de la reine de Westphalie.
Mais, somme toute et jusqu'à plus ample informé, le

même les affirmer catégoriquement. « Elle
avait une excellente tête et était plus homme
que beaucoup d'hommes. *Elle avait la réputation d'être fort galante*. Après tout, son mari
s'accommodait de tout cela ; il souffrait sans

caractère des rapports entre Hainguerlot et Élisa vise
bien plutôt le côté *intérêts* que la question *mœurs*.

Lucchesini était un vieillard d'au moins soixante-
quinze ans, marié à une grande amie de la princesse
et père de famille (les pamphlétaires ont sans doute ici
confondu l'oncle et le neveu).

Quant à Capelle, qui était entré dans l'administration
préfectorale dès mars 1802 (arr. du premier Consul du
27 ventôse an X, le nommant secrétaire général des
Alpes-Maritimes), il ne resta que fort peu de temps en
Toscane, où Élisa le connut et fut envoyé à Genève.

Boucher de Perthes qui l'étudia et le coudoya à
Livourne en 1809, comme fonctionnaire, a laissé de sa
femme et de lui ce jugement : « Mme Capelle, la femme
du préfet, est une excellente personne que je vois souvent. Tout le monde l'aime, bien qu'elle ne soit ni
jeune ni jolie. M. Capelle, qui est moins âgé qu'elle, est
au contraire un beau dans toute l'acception du mot,
mais un beau un peu vulgaire, un peu doré, un peu
parvenu : du reste fort poli, fort accueillant, très bon
administrateur et fort honnête homme, vertu qui n'est
pas générale ici. »

(*Sous dix Rois*, I, 462, lettre de Livourne, 14 janvier
1809.) Le portrait du baron Capelle peint par Robert
Lefèvre sous la Restauration, est conservé aujourd'hui
par son petit-fils M. Vernhette, ancien préfet.

se plaindre, ou plutôt il cherchait des consolations de son côté [1]. — Pas un fait à l'appui. — Les mémoires de Mlle Avrillon ont eu pour rédacteur, d'après Quérard (le savant auteur des *Supercheries dévoilées*), M. de Villemarest. Ils font partie de cette série de volumes filandreux, sans dates et souvent erronés qui, comme les *Mémoires de Constant*, les *Après dînées de Cambacérès*, etc., par le même Villemarest, ne correspondent plus à notre besoin de renseignements exacts et bien contrôlés. Écrits à la manière dont on concevait l'histoire sous Louis-Philippe, par un homme obscur qui n'a joué qu'un rôle infime dans la période consulaire et impériale [2], ils ont eu pour principal résultat d'enrichir le libraire-entrepreneur Ladvocat, d'embarrasser les écrivains actuels par leur abondance dénuée de toute précision, voire même confuse, et ne méritent aucune créance de la part des érudits. Dès lors, quel fonds faire sur eux [3]?

1. *Mémoires sur l'impératrice Joséphine*, I, 331 et 334.
2. Villemarest fut secrétaire du prince Borghèse. *Les Souvenirs du musicien Blangini* paraissent être son meilleur ouvrage, 1 vol. in-8 (rare).
3. L'absence d'une biographie complète, et mûre-

Le résumé de leurs dénonciations est ici évoqué pour complaire à ceux qui s'efforceront de chercher le côté libertin dans la vie d'Élisa, ayant déjà leur siège fait à cet égard. Il n'y a là, jusqu'à nouvel ordre, qu'un ensemble de traditions suspectes par leur origine. Nous ne nous y arrêterons pas, sans céler pourtant d'abord, d'après les faits connus, que sous le Consulat, par exemple, Élisa vécut presque toujours seule à Paris, éloignée de son mari, encore faut-il rappeler qu'elle n'avait pas grande santé.

Plus tard, à en croire également certains témoignages, nous devons admettre que les mœurs de l'Italie, notamment à Florence, furent assez faciles au début de ce siècle, dans les classes aisées et à la cour. Il en sera parlé en temps et lieu.

---

ment étudiée d'Élisa, a entretenu l'erreur sur son compte jusqu'à ces derniers temps. C'est ainsi que dans l'ouvrage philosophique d'un brillant écrivain, M. Arthur Lévy, paru en 1892, intitulé : *Napoléon intime*, les énonciations vagues de Mlle Avrillon (*alias* de Villemarest) auxquelles sont jointes celles d'un autre ouvrage apocryphe « *Les Mémoires de Fouché* », où la vérité côtoie l'erreur, se trouvent encore prises pour paroles d'Évangile. (Voyez Lévy, p. 306 et 307.)

Fontanes fut le courtisan d'Élisa, il n'y a
pas à en douter, mais malgré leur tour aimable,
et même assez léger parfois, les lettres qu'il
adressa à sa *protectrice* [1] ne peuvent s'inter-
préter à mal, si on a la notion exacte du milieu
et des contemporains. Un mot ici devient
nécessaire pour en expliquer le ton.

Qu'est Fontanes avant l'élévation soudaine de
Bonaparte? — Un homme de lettres estimé auquel La Harpe donne son suffrage et celui-ci
jouit d'une grande autorité alors. Un nourrisson
avoué des poètes latins, Ovide, Virgile, Horace
surtout, qu'il sait par cœur. Il rime agréable-
ment des petits vers et il excelle dans le senti-
mental. Il professe un culte domestique pour
Racine, moins pourtant que pour Horace dont
il adopte les idées épicuriennes, et quand il
vieillira plus tard, il pourra dire à propos d'un
buste de Vénus qu'il a placé dans sa villa [2] :

1. Voir pièce justif., n° XII *bis*.
2. Cette belle propriété d'une contenance de 40,000
mètres, avec un parc descendant jusqu'à la Seine et
planté d'arbres de toutes essences, était située à Cour-
bevoie, exactement, de nos jours, 48, avenue Victor-

Je sais trop bien que la volage
M'a sans retour abandonné.
Il ne sied d'aimer qu'au bel âge.
Au triste honneur de vivre en sage
Mes cheveux blancs m'ont condamné.

Je vieillis; mais est-on blâmable
D'égayer la fuite des ans?
Vénus, sans toi rien n'est aimable;

. . . .

L'illusion enchanteresse
M'égare encor dans tes bosquets.
Pourquoi rougir de mon ivresse?
Jadis les sages de la Grèce
T'ont fait asseoir à leurs banquets.

Tout l'homme privé est là, ce qu'il fut dans ses jeunes années, comme ce qu'il restera sous le Consulat à l'époque où, pour la première fois, il connut Élise, qu'il aima certainement, mais en rêveur, en philosophe — rien de plus. Le poète, d'ailleurs, n'avait-il pas vingt ans plus qu'elle et la bourse plate? Il ne faut donc pas chercher autre part le lien qui les unit, après celui de la reconnaissance de la part de Fon-

Hugo. Ses bâtiments vastes, disposés en équerre, ont été dénaturés et le terrain vendu en 1896 pour être morcelé.

tanes. Pour le moment au moins (1802), Élise se pique de littérature; elle adore Racine, et quand elle cause avec Fontanes, elle trouve en lui toutes idées communes.

Fontanes, en outre, a d'autres beaux côtés : ses lettres d'alors, d'un tour très littéraire, aisé et simple, indice du vrai talent, abondent en finesses et allusions voilées, quand elles ne sont pas émaillées, avec mesure, de comparaisons où éclate la double connaissance du grand siècle de Louis XIV et celle du monde romain.

Une lecture immense, une mémoire plus grande encore, qui lui permettait de tirer sur l'heure, comme d'autant de casiers toujours prêts, la réminiscence ou l'allusion flatteuse appropriée, faisaient de lui, pour les dilettantes dans le goût du temps, un incomparable charmeur. Plus tard, son style tombera dans l'emphase. Mais actuellement, et encore plusieurs années, Mme Baciocchi l'inspire d'heureuse façon; aussi ceux qui n'ont pas connu Fontanes dans son commerce avec elle — en fait tous les écrivains qui l'ont étudié jusqu'ici — ont manqué d'un élément essentiel d'appréciation. Ses rapports avec la sœur de Bonaparte ont eu une grande influence non seulement sur ses destinées, mais sur son esprit et il importe de bien les détacher si l'on veut savoir Fontanes.

Comment Élise, de son côté, tourne-t-elle la tête à Fontanes et le domine-t-elle? Par sa grâce, ses manières et ses aperçus brillants, son ton d'autorité de bas bleu, qu'agrémente une figure où percent deux yeux singulièrement expressifs, et dominant le tout, le prestige — car Fontanes est né courtisan — d'être la sœur du héros dont s'entretiennent Paris et les provinces.

Voici bientôt Fontanes admis chez Lucien avec sa cour de jeunes littérateurs, naissantes célébrités du futur règne, car ce délicat, ce rêveur possède le don plus rare peut-être que le talent, d'encourager les jeunes réputations. D'autre part, Lucien s'entiche aussi de lui et en fait bientôt son familier tant à Paris qu'à la campagne. S'il part, s'il s'éloigne, Fontanes devient son correspondant et lui tourne des lettres exquises comme il sait les écrire, c'est-à-dire avec force allusions aux grands hommes de la Grèce auxquels il le compare et avec force flatteries, art où il excelle, surtout auprès des Bonapartes. Tel est le Fontanes première manière; on n'a pu encore pressentir en lui, avant 1802, l'orateur *habituel* des harangues au chef de l'État, l'académique président du Corps législatif. Tout au plus a-t-il été jusque-là à ce point de vue particulier l'éloquent et remarqué panégyriste de Washington en 1801, dans la cérémonie du Temple de Mars, ordonnée et présidée par le premier Consul, et cette occasion lui a servi, en homme habile qu'il est, à pousser sa fortune. Mais bientôt, avec son crédit grandissant, il joua le rôle autrement important d'inspirateur d'actes monarchiques auprès de Bonaparte dès que celui-ci fut élevé au Consulat à vie.

Son intervention toute privée, connue de son seul entourage, dont Élisa faisait naturellement partie, se manifesta par exemple, dans la question religieuse et le rappel des émigrés. On lui en prête l'idée première : Élisa fascinée portait complaisamment à son frère les mémoires rédigés par Fontanes, où celui-ci aimait à invoquer l'exemple de Charlemagne, montrant cet illustre prédécesseur comme s'étant étayé des grands et des prêtres pour l'établissement de son empire, citant également Pépin, pour le parti qu'il avait tiré de la cour de Rome. Élisa raffolait de plus en plus du poète aux grandes évocations et son influence favorisa bientôt les prochains projets de Concordat avec le Saint-Siège et le Sénatus consulte d'amnistie en faveur des émigrés.

« Timide et avisé en politique, dit Fouché, dans ses mémoires[1], Fontanes n'agissait lui-même que sous l'influence d'une coterie soi-disant religieuse et monarchique, qui avait à elle son auteur romantique faisant du christianisme un poème... Fier de ses succès, de sa faveur et de sa petite cour littéraire, Fontanes était tout heureux d'amener aux pieds de son illustre émule de Charlemagne, les écrivains novices dont il dirigeait les essais, et qui se croyaient ainsi que lui appelés à reconstituer la société « avec des vieilleries monarchiques ». Bref, il prêchait l'unité du pouvoir.

1. Ces mémoires passent pour apocryphes, mais renferment des passages vrais.

Élisa Bonaparte et ses intimes avaient les même vues. Ainsi s'explique le triomphe de Fontanes, sans compter toujours sa verve intarissable dans les citations classiques, qui médusait Élisa et les littérateurs. Il flattait son ambition et ses ardeurs littéraires, et, comme il était homme de bonne compagnie, elle lui pardonnait volontiers, encourageait même peut-être une pointe de galanterie, faveur insigne auprès de ses collègues, ce qui ne laissait pas de donner à leurs entretiens épistolaires, ou à leurs causeries de salon une teinte piquante et raffinée. D'ailleurs, Élise n'est pas prude, au moins avec lui.

Au demeurant, en 1801, Fontanes avait le physique agréable et une tournure des plus soignées [1]. Par une sorte d'atavisme, qui n'a rien de surprenant, le gentilhomme n'avait pas dépouillé chez lui, tant s'en faut — malgré ses

1. Le florentin Gino Capponi, qui le vit à Paris en 1810 (Élise lui avait donné parmi plusieurs lettres de recommandation, une pour Fontanes), écrit ceci de lui : « *Era il Fontanes sereno d'aspetto, di modi, d'ingenio* » (*Scritti editi e inediti di Gino Capponi*), 1 vol. in-12. Firenze, chez Barbera, 1877, p. 21.

quarante-cinq ans, et les orages de la Révolution auxquels il avait échappé — les précieuses
manières d'avant 89. En petit comité, il se montrait disert, compassé, sensible comme un dilet-
tante pouvait l'être, à l'appât sensuel des admi-
rables yeux noirs de Mme Baciocchi. Mais celle-ci,
somme toute, était bien plutôt, pour sa ten-
dresse de céladon *littéraire* et de poète, une
amie dans le sens attaché à ce mot au xviiie siècle,
où les liaisons de sentimentalité assidue, fondées
sur une passion commune tout intellectuelle,
n'étaient pas rares entre philosophes et grandes
dames, à tel point qu'on les admettait comme
chose *reçue*.

Ce ci-devant encore talon rouge, ancien
rimeur de l'*Almanach des Muses*, à ses heures,
n'en appartenait pas moins à l'ère nouvelle.
Très moderne, très de son temps, en effet par
les opinions — car il ne faisait nulle montre
alors de sentiments royalistes, et n'avait pas
encore, à proprement parler, donné de gages à
la légitimité — il accordait donc beaucoup aux
mœurs du jour en s'improvisant volontiers
sigisbée, et n'étaient sa véritable élégance
marquée au bon coin et sa valeur, il se fût

rapidement, l'âge aidant, abaissé au ridicule
des galants du Directoire ; encore quelques
années de ce jeu, et il fût rentré pour toujours
dans la catégorie des *Petits papas à la mode*,
immortalisés par le crayon de Debucourt. Son
style épistolaire d'ailleurs — celui de ses ten-
dresses tout au moins — pourrait-il y contre-
dire? Une première épître va éclaircir ce jugement.

La dame dont il entretiendra son *amie* est
sûrement Alexandrine, Laurence de Bles-
champ, femme de l'agent de change Jouberthon, née à Calais en 1778, alors sur le point
d'épouser Lucien. Tous les détails s'appliquent
bien à son caractère et à ses antécédents connus. Ajoutons que Mme Baciocchi prépara sans
le vouloir la liaison de Lucien avec Mme Jouberthon [1], car lorsque cette dernière fut laissée
seule à Paris par son mari, qui avait suivi le
général Leclerc à Saint-Domingue pour se

---

1. Il existe de cette jolie personne, qui devait devenir
la seconde femme de Lucien, un portrait peint du
temps, conservé au musée d'Ajaccio (salle Baciocchi).
— Le portrait de sa première femme, Christine Boyer,
par Gros, a été acquis récemment par le Louvre.

soustraire à ses créanciers, Mme Leclerc avait recommandé à sa sœur Élisa de la bien accueillir ; Élisa qui ne pouvait prévoir la mort prochaine du mari à Saint-Domingue et les convoitises de son frère pour la belle veuve, l'admit dans sa société. Lucien la distingua, s'en éprit..... et le roman s'acheva.

« Vous savez d'avance, mon aimable et excellente amie, écrit Fontanes à Élisa, tout ce que je peux vous dire, car un coup d'œil suffit pour juger les *masques ;* la dame est belle, aussi coquette que belle, aussi avide que coquette. Ce règne-là peut être cher et long.

« Tous les symptômes d'une passion vive se lisent dans les traits et les discours du patron (Lucien). Il est discret, mystérieux, il concentre son bonheur, mais ce n'est pas là le compte de la dame ; elle veut du bruit, de l'éclat et tous les avantages productifs de l'affiche en règle. Son regard nous a bientôt appris que c'était elle qui tenait la cour et à qui on devait la faire. Cet orgueil est tout à fait plaisant. Du reste, je n'ai pas trop mal joué mon rôle. Car je sais déjà de la dame qu'elle a été la plus infortunée des créatures ; il ne tenait qu'à moi de pleurer, mais d'un autre côté le patron m'a dit qu'elle était la plus vertueuse des femmes ; il ne tenait qu'à moi de rire. Je n'ai fait ni l'un ni l'autre ; mais je me moque bien de tous deux *in petto*.

« On doit jouer *Alzire*. Il est difficile d'avoir moins de grâce avec plus de beauté. J'avais envie de lui crier que la grâce est plus belle encore que la beauté, mais pendant qu'elle répétait son rôle, on a prononcé votre nom et ce nom seul exprimait ce que je voulais dire ; quelque envie que j'aie de vous voir, je vous félicite de votre refus. Vous ne devez point paraître approuver, en vous montrant, ce choix qui fait bien regretter, celui d'Espagne [1]. Il paraît qu'on va s'entourer de quelques autres dames d'honneur, amies de l'amie de la rue de Grenelle. Je vous avoue que j'ai d'abord eu grande envie d'abandonner la place à la favorite et aux favoris. Mais j'ai jugé qu'on me taxerait d'impolitesse et de mauvaise humeur.

1. Allusion au bruit qui avait couru dans les salons de Paris en 1801, que le jeune ambassadeur à Madrid devait épouser une infante, Isabelle, fille de Charles IV.

Vous savez d'ailleurs que j'aime ces lieux qui me parlent de vous. J'y reste donc malgré les inconvénients, pour leurs souvenirs qui me sont si chers.

« Il faut tout dire aussi : je cause souvent avec l'amie de Saint-Cyr et vous jugez que je ne suis pas trop à plaindre. Les directeurs de Saint-Cyr n'étaient pas plus sages que moi, dit-elle, et jamais pénitente n'eut plus d'ingénuité ; nous avons ensemble des conversations dignes de l'âge d'or. Il n'est bruit que de notre innocence. On nous charge tous les deux d'expier les péchés qui se font autour de nous. Malheureuse, vous ne faites pas si bien ! Que je vous plains ! et ce qu'il y a de pis c'est que vous en riez. Parbleu, Madame, si j'étais le coupable, j'en rirais bien aussi. Mais je veux absolument entreprendre le salut de celles qui ne voudront plus me damner. Faites-moi pécher pour couper court à mes remontrances.

« Que de folies ! Pardonnez-les à votre ami tendre, dévoué, fidèle et toujours le même. Je vous ferai passer de temps en temps le bulletin du Plessis. M. de Cabarrus m'écrit du fond du Poitou des choses charmantes pour vous, je les

lui rends de mon mieux. M'aimez-vous toujours? dites-le-moi. Cela fait plaisir.

« Au Plessis, 12 vendémiaire [1].

« FONTANES. »

Ecoutons maintenant Mme Fontanes, également en villégiature, au château de Plessis-
Chamant.

« Les enfants (les filles de Lucien) embras-
sent leur tante et leur oncle (Baciocchi) que je
vous prie de faire enrager de ma part. Quand
viendra-t-il nous voir?

« La belle dame a fait des progrès sur la
déclamation ; voilà quatre jours que nous
sommes loin de vous, mon aimable amie, et
nous n'avons pas encore eu de vos nouvelles;
c'est la seule chose à laquelle je sois sensible,
car vous savez combien je vous aime, mes sentiments pour vous sont les plus tendres que

1. (Document app. à l'auteur.) — La lettre n'a pas de
désignation d'année, mais nous pensons avec toutes les
vraisemblances qu'elle se rapporte à l'an XI (4 octobre
1802).

j'aie éprouvés jusqu'à présent, aussi jugez, ma chère amie, combien il m'en a coûté pour m'éloigner de vous. Vos petites se portent bien, Lili[1] vaut beaucoup mieux que Lolotte[2], je redouble d'attention pour la corriger de ses vilains défauts dont je me suis aperçue avec beaucoup de peine ; je désire vivement ne pas me donner de peine inutile, si nous avions une Elisa pour reine, je me trouverais très bien ici, je vis très retirée, ce qui, comme vous pensez, ne me coûte pas. On a commencé hier soir à jouer aux jeux d'esprit, heureusement pour moi, je n'y étais déjà plus, car j'aurais eu honte de voir mettre ma bêtise en comparaison avec l'esprit de ces dames ; la belle n'est pas celle qui a le moins de prétention : c'est toujours Mme Desportes[3] qui est la plus aimable ; nous attendons aujourd'hui Mme Fréville.

« On a été hier à la chasse, j'étais au jardin

1. Christine, fille de Lucien, née en 1800.

2. Charlotte, première fille de Lucien, née en 1796. Toutes deux orphelines de leur mère étaient sous la tutelle de Mme Baciocchi.

3. Femme de l'ancien secrétaire général du ministère de l'intérieur, que Lucien avait emmené avec lui dans son ambassade à Madrid.

lorsque l'on est parti, ce qui m'a empêché d'y
aller. L'hermite s'est émancipé en allant voir
danser les jolies filles de Senlis ; il veut se faire
croire meilleur qu'il n'est ; vous le connaissez
assez pour n'en croire que ce que vous voudrez.
Croyez au sincère dévouement de votre amie.

« JOSÉPHINE [1] (Mme Fontanes). »

Cette lettre, sur la même feuille que la précédente, prouve bien que Fontanes était incapable
de toute mauvaise intention, puisqu'il ne crai-
gnait pas d'étaler son doux libertinage — si libertinage il y a — aux yeux de sa femme. Celle-ci,
assez spirituelle pour ne pas s'en froisser,
aimait d'ailleurs également avec beaucoup de
sincérité Mme Baciocchi, et son amitié n'était
pas seulement fondée sur le fait qu'Elisa avait
pour filleule sa dernière fille Christine, ni sur
d'autres gracieusetés ou services, mais sur
l'estime due à la femme. Qui soutiendrait dès
lors qu'une personne aussi intelligente que

—————————

1. Il nous a été donné de la voir signer aussi de son
petit nom : Catherine.

Mme Fontanes aurait accordé cette estime et cette amitié dévouée à la soi-disant maîtresse de son mari?

Au verso de la lettre on lit l'adresse suivante :

« A Mme Baciocchi, hôtel de Lucien Bonaparte, rue Saint-Dominique, faubourg Saint-Germain à Paris. »

Plus tard, de sa résidence nouvelle à Lucques, Elise, comme en témoignent les documents, continua ses attentions à Mme Fontanes [1], ainsi qu'à son mari, qui trouva toujours auprès d'elle, dès qu'il en eut besoin, l'appui désiré.

Fontanes, d'autre part, portait une réelle affection à Félix, témoin le billet suivant de sa main écrit le 20 janvier 1807 :

« Monseigneur,

« J'ai été presque entièrement privé de la vue pendant plusieurs mois. En songeant tou-

---

1. Arch. Lucq. Secrétairerie d'Etat. *Lettere private ai principi.* Vol. CCI. Mme Fontanes à S. A. I. la princesse de Lucques. Vichy, 13 juillet 1807 et pièce justif., n° XII *bis.*

jours à Votre Altesse je ne pouvais me rappeler moi-même à son souvenir, et je souffrais doublement. Mes yeux sont un peu meilleurs. Les premiers mots qu'ils me permettent de tracer sont pour vous et pour Mme Élisa.

« Tout mon cœur est à Lucques près de vous deux. Les années finissent, mais les sentiments que vous m'inspirez ne finiront qu'avec ma vie.

« Je suis avec un profond respect, etc.

« FONTANES [1]. »

Veut-on mieux connaître encore l'Élise du Consulat au physique et au moral? Il en existe

---

1. Arch. Lucq. *Lettere private ai principi Baciocchi*, Vol. CC. La correspondance entre Élise et Fontanes se continua tout l'Empire et jusque dans les premières années de la Restauration. Elle nous est en grande partie connue; toutefois plusieurs lettres qu'Élise lui adresse, révélées par le catalogue d'autographes vendus en 1875, à Genève, après la mort de Mme Christine de Fontanes, nous ont échappé. Nous n'en savons pas les détenteurs présents. Quelques-unes de celles-ci sont sans date, ou seulement signées : leur divulgation, en tous cas, ne pourrait guère apprendre de plus, pensons-nous, sur les relations actuelles d'Élise et de son ami.

un délicieux pastel, tracé de main de maître
par un grand seigneur qui fut de ses familiers.
P.-L. Rœderer [1]. Ce portrait est à citer pour sa
parenté avec les plus beaux morceaux du genre.
L'observation y est fine, discrète, le trait toujours concis rappelle sans le vouloir Vauve-
nargues, et rien n'y est à retrancher quant à la
fidélité.

« Voici la personne de la famille que j'aime
le plus.

« Elle est d'une taille ordinaire ; mince,
maigre, point de gorge, les bras menus, la
jambe et le pied jolis; une figure bien faite,
profil antique; des cheveux noirs, des yeux
noirs, la peau assez blanche, la bouche assez
grande, de belles dents, une extrême mobilité

1. Pierre-Louis Rœderer, né à Metz, le 15 février 1754,
ancien avocat et conseiller au Parlement de Metz, député
aux États Généraux en 1789, était, en 1800, membre de
l'Institut, conseiller d'État, et président de la section de
l'intérieur. Il était fils d'un conseiller au Parlement de
sa ville natale et de Marguerite de Gravelotte, dernier
rejeton d'une noble et ancienne famille du pays messin,
morte le 11 juin 1768. (*Alcide Géorgel. Armorial de Lor-
raine au* xixᵉ *siècle,* 1 vol. in-4, 1882.)

dans la physionomie ; son état le plus habituel
est un air vif et un peu dur. La décence, la
bonté, quelquefois l'air de l'ennui et de la con-
trainte, quand elle est avec des personnes
qu'elle connaît peu [1]. L'air gai, ouvert, spirituel avec ses amis, quand elle s'amuse. Elle
passe brusquement d'une physionomie à l'autre, comme d'une idée, d'une affection, à
l'idée, à l'affection contraire.

« La mobilité de sa figure n'est pas son seul
charme, c'est aussi la force de son expression ;
c'est le mélange de diverses expressions. Souvent les rires et les larmes se mêlent.

« Elle aime passionnément la tragédie, elle
sait par cœur des fragments des plus beaux
rôles de Racine et de Voltaire, elle affectionne
les rôles des situations héroïques, elle les dé-
bite assez bien, quoiqu'avec un peu d'accent
méridional. Elle a ce goût de commun avec le
premier Consul et Lucien qu'elle aime beau-

---

1. Dans les mémoires de Mme d'*Abrantès* édités par la
maison Ladvocat, on lit (vol. II, 319) cette ligne correspondant au jugement de Rœderer : « Je n'ai jamais
connu de personne plus désagréablement pointue que
celle-là. »

coup. Cela pourrait faire douter s'il est naturel et caractéristique ou communiqué.

« Dans la même seconde, elle souffre, elle crie, elle pleure, elle rit et console ceux qui l'entourent.

« Je n'ai vu personne qui se livrât plus franchement à ses premiers mouvements et qui gagnât moins à les réprimer. Je n'ai vu personne qui réunît à tant de mouvement, tant de prudence, et à tant d'abandon, tant de réserve ; c'est qu'elle a réfléchi, c'est qu'elle a des principes ; les principes dispensent des petits calculs qu'exigerait chaque circonstance. Les principes sont pour la vie morale ce que les *comptes faits* sont pour le ménage [1]. »

Dans ces heureuses années du Consulat, mais surtout depuis le retour de son mari et de Lucien, d'Espagne, Élise suivit donc le mouvement parisien avec excès, au point d'y laisser la santé ; elle s'était même tout à fait surmenée l'hiver précédent, et avait déjà, dès cette époque, l'estomac capricieux et la tendance au rhuma-

1. *Mémoires du comte P.-L. Roederer*, IV, 128, gr. in-8, 1856. Firmin Didot.

tisme qu'Hallé diagnostiquera en 1805[1]. Pour rétablir ses forces, on lui conseilla les eaux de Barèges ; elle s'y rendit à la saison d'automne de 1801, mais elle y resta peu de temps et passa par Montpellier et Carcassonne pour consulter des célébrités médicales. Son mari était alors détaché à l'armée du Rhin.

On a sur son court séjour à Carcassonne, et ceci seulement depuis 1891, année où parut le premier volume d'intéressants mémoires, les renseignements suivants : « La seule des sœurs de Napoléon que j'aie un peu connue, dit Claude de Barante, est Mme Baciocchi. En 1801, j'étais à Carcassonne près de mon père ; elle y vint pour consulter Barthès[2], qui avait, à cette

1. Hallé à Élise, 15 brumaire an XIV (6 nov. 1805), arch. Lucq. correspondance privée des princes Baciocchi. Vol. CXCVIII. Ajoutons qu'il est probable que vers 1802-1803, Elise eut une fausse couche. Chateaubriand, écrivant à Fontanes, le 6 juillet 1803, parle de sa grossesse. Dans sa lettre à Fontanes, datée de Rome, 26 octobre 1803, il prétend même que sur la foi des *Débats*, il vient d'apprendre la nouvelle de l'accouchement d'Élisa, un garçon.

2. P.-J. Barthès (1734-1806) qui fut attaché à l'empereur et avait assisté Charles Bonaparte dans sa dernière maladie.

époque, une immense réputation dans le monde
médical. Elle était fort souffrante d'une affection d'estomac. Mon père, assez malade, ne put
lui faire les honneurs de la préfecture, je pré-
sentai ses excuses et offris mes services. Mme Baciocchi m'accueillit très gracieusement. Les
sœurs du premier Consul étaient alors de
simples personnes. Elles voyageaient sans aucune suite, et je la trouvai dans une mauvaise
auberge, couchée sur un matelas par terre pour
échapper aux punaises. Elle se leva, s'habilla
pendant que j'attendais dans la chambre voi-
sine ; puis, après une conversation qui fut
bientôt facile et naturelle, elle prit mon bras
pour se promener dans la ville. Elle paraissait
assez contente de m'avoir rencontré sur son
chemin. Son voyage l'ennuyait beaucoup ; elle
arrivait de je ne sais plus quelles eaux, où elle
n'avait aperçu personne de sa connaissance.
Depuis trois ou quatre jours, elle ne recevait
ni ses lettres ni ses journaux. Je lui dis des
nouvelles, je lui parlai de gens qu'elle connaissait. Elle avait été élevée à Saint-Cyr, ses manières étaient fort bonnes, et son instruction
semblait avoir été soignée. Comme elle vivait

dans la société toute littéraire de son frère
Lucien, et qu'elle était en rapports intimes
avec M. de Fontanes, son intérêt et sa conversation se portaient surtout de ce côté. Nous
causâmes des pièces du moment, des livres récemment parus : je lui donnai la dernière édition des *Jardins*, de Delille, que je recevais au
moment même. Enfin, ce fut un tête à tête de
deux jours. En partant, elle m'engagea à venir
chez elle, lorsque je serais à Paris.

« Quelques mois après, j'allai, en effet, lui
présenter mes hommages. Dans ce temps-là,
les choses marchaient vite, et en moins d'une
année, la gloire et la puissance du premier
Consul avait grandi beaucoup. Ainsi que cela
devait être, sa famille avait gagné en importance. Je retrouvai Mme Baciocchi bien plus
grande dame que lorsque nous nous prome-
nions dans les rues de Carcassonne. Elle me fit
pourtant bon et aimable visage. Mais je n'avais
pas vingt ans, j'avais goût à ma pleine et entière indépendance, je ne cherchais alors dans
la société et les salons que les plaisirs de l'a-
mitié ou de l'esprit, et je n'acceptais pas la
gêne des réunions, pour peu qu'elles fussent

officielles. Je retournai deux ou trois fois chez Mme Baciocchi, je ne l'ai jamais revue depuis[1]. »

Ce voyage dans le Midi ne semble pas avoir amélioré son état, du moins elle se rétablit fort lentement, car le 11 janvier 1802 (21 nivôse an X) — huit jours après la cérémonie civile du mariage de Louis et d'Hortense, à laquelle elle a dû assister, toute la famille s'étant, comme on sait, réunie aux Tuileries à cette occasion — Rœderer consigne sur ses tablettes « qu'elle est en ce moment très souffrante, très abattue..., sa physionomie reflète la douleur..., elle se rend compte de l'ennui qu'elle peut causer en ce moment, elle n'a plus confiance dans sa force, dans sa jeunesse..., elle n'a plus l'aimable prétention d'être au ton de tout le monde..., elle tend à fuir la société ». Tout contraste avec ses manières d'antan. « Jusqu'à son dernier moment, elle pensera plus aux autres qu'à elle-même, elle ne craindra la douleur que pour les témoins, et sa mort que pour ses amis[2]. »

1. *Souvenirs du baron de Barante*, I, 397, 398.
2. *Mémoires du comte P.-L. Rœderer*, IV, 129.

Pourtant, petit à petit, sa nerveuse constitution prit le dessus, et elle reçoit Fontanes qui s'asseoit à son chevet pour l'égayer durant sa convalescence. Un peu plus tard, elle envoie à Rœderer, qu'elle n'a pas vu depuis longtemps, cette lettre où elle revient sur ses pérégrinations :

« Paris, le 8 vendémiaire (16 octobre).

« Les gazettes vous ont donné des nouvelles de *cette pauvre chère dame* (c'est elle que sa plume désigne ainsi). Il n'y a pas eu de gazettes qui aient appris à cette pauvre chère dame des nouvelles de ses amis : au moins, aurait-elle cherché quelque article dans le *Journal de Paris* de son écuyer; pas plus de *Journal de Paris* que de lettres.

« Après avoir bien grondé contre le Conseil d'Etat qui ne vous laissait pas le temps de m'écrire, je reçois une charmante lettre. Vous êtes aussi aimable en écrivant qu'en parlant; votre souvenir m'est cher. J'ai des droits à votre amitié, et j'y compte; comptez sur la mienne et pour la vie. Qu'allez-vous faire à vos *Verreries*? Revenez... Nous monterons à cheval, toute la Faculté, soit de Montpellier, soit de Paris (observez que c'est la première fois que les graves docteurs sont d'accord), m'a ordonné cet exercice. Il me faut un écuyer aimable, gai et plein d'esprit : j'ai fait mon choix et je m'y tiens. Allons, quittez vos *Verreries* pour le bois de Boulogne.

« Il faut vous parler de ma santé, le voyage m'avait fait du bien ; les eaux et les bains de Barèges m'ont fait beaucoup de mal. Je n'y suis restée que douze jours. J'ai été à Carcassonne voir Barthez, qui m'a donné une longue consultation ; de là, je suis passée à Montpellier pour mon plaisir, cependant, j'y ai encore consulté Fouquet.

« Je suis retournée à Paris bien malade, j'avais des écrits des plus fameux de la Faculté ; j'ai été assez souffrante les premiers jours. Après bien des courses, bien des peines, l'on est parvenu à me rétablir. Du lait de chèvre, seul, sans pain, sans eau ; l'on ne me permet que six tasses de lait. Je m'en trouve très bien, à part un peu de faiblesse. Et j'ai été si loin chercher le remède qui était bien près !

« J'ai vu M. de Boufflers, je l'ai trouvé aussi aimable qu'avant mon départ. Je n'ai point lu l'article dont vous me parlez, mais je suis assurée d'avance qu'il est charmant. Toute la famille est de retour à Paris, excepté Joseph, qui chasse. Bonaparte se porte bien; il est à la Malmaison. Je vais au Plessis après-demain. Vous seriez bien aimable d'y venir passer quarante-huit heures, à votre retour.

« Croyez à l'amitié de cette bonne chère dame.

« ELISA BACIOCCHI[1]. »

Rien d'étonnant, quand on écrit presque comme une Sévigné au petit pied, qu'on aime les hommes de lettres. Dans les répits nombreux que lui laissait son mal d'estomac, la sœur aînée de Bonaparte continuait de rechercher leur compagnie.

Mme Récamier raconte[2] que vers la seconde partie de 1802, elle reçut à dîner à Clichy

1. *Mémoires de Rœderer (opus cital.)*.
2. *Souvenirs de* Mme *Récamier*, I, 68 et suiv.

Mme Baciocchi, qui désirait faire plus ample
connaissance avec La Harpe. Parmi les autres
convives figuraient Mme de Staël, M. de Nar-
bonne et Mathieu de Montmorency. De là,
Mme Baciocchi alla au Théâtre-Français, où
l'attendaient sa sœur, Mme Leclerc, et le général Bernadotte. Elisa, comme Napoléon, aimait
beaucoup la tragédie. Justement, en ce temps,
débutait, avec un succès énorme, Mlle Duches-
nois[1], celle qui fit pleurer Geoffroy et devint,
presque sur-le-champ, rivale de Mlle Georges
Weymer. Nulle ne donnait mieux aux beaux
vers de « Phèdre » l'accent pathétique. Même
triomphe dans Sémiramis et dans Hermione,
succès auquel vint applaudir le chef de l'Etat
en personne. Elisa ne pouvait se désintéresser
d'un tel événement parisien, elle qui ne manquait pas une des représentations de Talma[2],
qu'elle essaya de faire venir à Lucques plus

___

1. Elle parut sur la scène pour la première fois le
15 thermidor an X (3 août 1802), et joua plusieurs fois
dans ce mois. Le premier Consul alla l'entendre le
19 août.

2. *Lucien Bonaparte et ses mémoires*, édit. Iung, II,
261 et 262.

tard, mais sans y réussir. La Raucourt, par contre, fit le voyage [1].

En tous cas, le soir où elle avait dîné chez la châtelaine de Clichy, Elise fut plus assidue que jamais à la comédie de la rue de la Loi, et elle parut si absorbée par l'attrait du spectacle, qu'elle s'en remit à Bernadotte du soin urgent d'aller implorer le premier Consul en faveur du père de Mme Récamier, M. Bernard, compromis dans une affaire politique à la veille d'être jugée. Mme Récamier avait, en effet, appris, au cours de ce dîner, par un billet, que son père, détenu à la prison du Temple, allait être mis en accusation.

Et pourtant les cérémonies sérieuses plaisaient non moins à Elisa que les concours purement mondains. Dans l'été de 1802, elle n'avait pas manqué d'assister au sacre de son oncle Fesch, en qualité d'archevêque de Lyon. Cette solennité, fixée au jour du premier anniversaire de la ratification du Concordat par la cour

1. En 1807. La tournée du Théâtre-Francais en Italie eut lieu sur les ordres de Napoléon.

de Rome, eut lieu le 15 août à Notre-Dame. Tout Paris y assistait. Le cardinal-légat Caprara officiait. La famille du premier Consul était, en outre, représentée par sa mère et ses frères Joseph et Louis [1]. Quant à Baciocchi, il revint bientôt à Paris, après avoir fait, comme adjudant général, la mémorable campagne d'Allemagne sous Moreau. Le 1er vendémiaire an XI (23 septembre 1802), un décret l'appelait en activité d'emploi dans la première division militaire (Paris) [2].

Lucien va maintenant nous retracer la vie de sa sœur, quelques mois plus tard, durant l'hiver de 1803.

« Il y avait ainsi près d'un an que nous étions mariés. Ma sœur Elisa et son mari, le général Baciocchi, étaient installés à mon hôtel, rue Saint-Dominique, où ils recevaient habituellement leurs amis et les miens. Elisa avait su conserver, comme elle me l'écrivait en Espagne,

1. Lyonnet. *Le cardinal Fesch*, I, 107, 108.
2. Et départements de Seine-et-Oise, Oise, Seine-et-Marne, Loiret, Eure-et-Loir, Aisne (ancienne 17e division avant 1802).

ses bonnes relations du ministère, et se plaisait plus que jamais à voir affluer dans son salon les littérateurs renommés du temps. A ce titre, notre ami Fontanes y dominait encore de toute l'autorité de sa brillante auréole poétique, que la politique suffisamment ambitieuse, qui vint bientôt s'emparer de lui, éteignit tout à coup, semblable à ces étoiles filantes, attirant justement les regards et retombant tout à coup dans la plus complète obscurité. Son poème de *Pélopidas* ou *Léonidas*, dont le commencement était très beau, de l'aveu de ceux qui l'avaient entendu lire, et il l'avait lu à beaucoup de monde, ou ne fut pas achevé, ou la trace en fut totalement perdue comme celle de l'astre éphémère auquel nous venons de le comparer.

« M. de Chateaubriand, qui ne faisait plus de romans que dans un genre bien autrement sérieux, je veux parler de son *Génie du Christianisme;* le poète Esménard, qui mourut si malheureusement sur la route de Rome à Naples, à ce que je crois me rappeler; Arnault, l'auteur tragique; Andrieux et quelques autres poètes étaient fort assidus chez ma sœur. Je paraissais peu dans le cercle, ne dînant jamais ni chez elle ni chez moi, et passant enfin tout mon temps chez ma femme, excepté mes courtes absences de chaque jour pour assister au dîner de mes petites filles, aller les embrasser dans leur lit avant qu'elles s'endormissent et pour assister le moins souvent et le moins longtemps possible aux séances du Sénat, qui ne me plaisaient nullement, parce qu'elles me paraissaient prendre la tournure du Sénat romain à sa plus méprisable période, puisque nous pouvions déjà rendre grâce à Dieu que mon frère ne fût pas capable de suivre les traces odieuses de certains empereurs[1] ».

Entre temps, Mme Baciocchi écrit à son amie Mme Fontanes :

« Plessis, 3 nivôse.

« Vous m'aviez fait espérer, Madame, que vous viendriez passer trois jours avec nous, c'est avec beaucoup de peine que Lucien et

1. Extrait de l'ouvrage : *Lucien et ses mémoires*, II, 386.

moi nous avons été trompés dans notre attente. Nous ne vous tenons pas quitte, il faut tenir sa parole et nous espérons que vous serez assez aimable pour nous prouver que vous nous aimez un peu.

' « J'ai des nouvelles de ma jolie filleule; je désire bien mon retour pour l'embrasser et le cher oncle. Mettez le comble à vos bontés en lui présentant mon respect.

« Élisa Baciocchi.

« Croyez à mon amitié pour la vie.

« Lucien ne laisse partir Fontanes qu'à condition qu'il reviendra après-demain. »

(Au verso de la lettre, on lit l'adresse suivante : « A Madame Fontanes. »)

Cependant d'intimes motifs de désaccord allaient bientôt mettre un terme aux belles réunions du Plessis-Chamant. Le principal d'entre eux fut le mariage secret que contracta « cette mauvaise tête de Lucien », au Plessis même, avec la veuve de l'ancien agent de change Jouberthon. Élisa et son mari furent des derniers parmi les membres de la famille qui firent sentir à Lucien le tort d'une conduite qui contrariait si fort le premier Consul. On sait que celui-ci entrevoyait déjà pour Lucien une princesse de sang royal ; aussi son mariage ne put-il être officiellement reconnu, et par ordre ses frères s'abstinrent d'inviter aux réceptions leur nouvelle belle-sœur. La lettre suivante, adressée à son aîné Joseph, montrera quel froissement Lucien, avec son tempérament corse et sa fierté naturelle, en ressentait.

« Je reçois votre billet d'invitation pour aller dîner chez vous à Paris ; je ne conçois pas que vous puissiez désirer que je m'avilisse au point de supporter une fête de famille dont ma femme et mon fils sont exclus. Le mariage de votre frère a fait un tel éclat, grâce au scandale du Consul[1], que j'ai cru devoir en avertir Élisa, Caroline et Louis. Voici les réponses des deux derniers ; Baciocchi vient de me dire de

____

1. Voyez pour expliquer ce fait, p. 53 : *Le prince Lucien et sa famille*, 1 vol. in-8, Plon, 1889.

la part de la première qu'elle attendait votre exemple... Si vous aviez été à ma place et moi à la vôtre, croyez-vous que j'aurais voulu servir de prétexte à l'humiliante indifférence de la famille envers vous? Dans la position forcée où je suis, rejeté par une famille que j'ai servie et honorée, je n'aime point les fêtes et vous prie de croire à mon regret de ne pouvoir pas répondre à votre invitation ni à celle de Julie; au reste, je ne regrette que la lâcheté que j'ai eue d'écrire au Consul, que ma femme ne porterait pas son nom de famille, etc. [1] »

Élisa voyait et vit encore jusqu'à son départ de Paris pour l'Italie la séduisante Mme Récamier, mais moins pourtant que sa sœur Caroline, camarade de Juliette au pensionnat de Saint-Germain, chez Mme Campan [2]. Cette relation, nous l'avons marqué, datait de 1800, époque où Lucien, très volage dans ses goûts,

1. Claretie. *Les Bonaparte et la cour, opus citat.*, p. 52.
2. *Souvenirs de Mme Récamier*, I, 110. Il existe au musée d'Argentan, une jolie peinture d'Hector Viger, représentant « une soirée chez Mme Récamier. »

s'était amouraché de Mme Récamier, et avait pris son mari pour banquier [1].

En 1803, Élisa alla beaucoup dans le monde durant l'hiver, et ne manquait pas les occasions de se produire en quelque sorte officiellement. Le 27 mars, elle assista dans un des salons des Tuileries, transformé en chapelle [2], à la remise de la barrette par le premier Consul à son oncle Fesch, en même temps qu'aux nouveaux autres cardinaux de Belloy, de Boisgelin et Cambacérès. C'était la première cérémonie de ce genre depuis le rétablissement du culte. Elle se rendit aux fêtes que les consuls Cambacérès et Lebrun donnèrent à cette occasion. Elle en offrit elle-même une à Neuilly [3], qui, de toutes, fut la plus brillante. Son cercle habituel de lit-

1. Voyez pour ce dernier détail : lettre autographe de Lucien au citoyen Mormand, commissaire à Malaga, datée du 27 vendémiaire an XI (19 oct. 1802). Ce document est relatif à des achats d'objets d'art en Espagne (ancienne collection Feuillet de Conches, exposée à la Malmaison en 1867).

2. Percier et Fontaine n'avaient pas encore édifié la chapelle en 1803.

3. Probablement chez Lucien, qui habita temporairement Neuilly à cette époque. Voyez *Souvenirs de ma vie*, par M. de J..., 1 vol. in-12. Paris, Bossange, 1813, p. 270.

térateurs auxquels s'étaient joints, Delille, Chateaubriand, le cardinal-légat, les ministres, les ambassadeurs et plusieurs évêques, se pressait dans ses salons, honorés de la présence du premier Consul. Cette grande réception eut lieu quelques jours après le 27 mars [1].

Le moment arriva où le rêve que Mme Baciocchi caressait de devenir propriétaire à Paris se réalisa. La présence de son mari dans la capitale l'incitait à faire choix d'un hôtel particulier où elle pût s'installer, recevoir ses amis, car elle ne pouvait indéfiniment habiter chez Lucien. Plusieurs de ses frères étaient déjà montés, Joseph et Louis, par exemple. Et ils l'étaient merveilleusement; Joseph avait confié à l'architecte Peyre, maître de Percier, la réfection d'un hôtel qu'il avait acheté au faubourg Saint-Honoré et dans un salon duquel avait été signé le Concordat [2]; Louis habitait, depuis son

1. Voyez à ce sujet : *Le cardinal Fesch*, par l'abbé Lyonnet, I, 223.
2. Cet hôtel a été démoli il y a quelques années par le comte Pillet-Will. — On connaît des gravures au trait représentant quelques-unes de ses pièces.

mariage, rue de la Victoire, la délicieuse petite
maison de Mlle Dervieux, bâtie et décorée par
Bellanger[1]. Son intérieur était un des plus jolis
de Paris ; celui de Joseph avait plus grand air.
Élisa, pour se rapprocher de Lucien, chercha
et trouva son logis dans le faubourg Saint-Germain.

Le 31 mars 1803 en effet (10 germinal an XI),
les Baciocchi acquirent des héritiers Guigne-
Moreton-Chabrillan l'ancien hôtel Maurepas,
sis n° 7, rue de la Chaise[2].

Le prix payé nous est inconnu ; toutefois il
devait être assez considérable. La fortune du
ménage Baciocchi lui permettait déjà, surtout
avec les libéralités présumées de Napoléon, de
faire bien les choses. En tous cas, on peut, avec
vraisemblance, placer aux environs du premier

1. C'était la demeure même du général Bonaparte,
ci-devant rue Chantereine. Les dessins gravés au trait
ont été conservés par l'architecte Krafft, la description
les accompagne. (Voyez le recueil in-folio paru vers
1803 — par Krafft et Ransonnette.) Fourmestraux (*La
reine Hortense*, p. 58) dit que cet hôtel avait été affecté
à la résidence de Louis, par le premier Consul.

2. Son vrai numéro était 519, d'après les lettres du
temps, vues par nous. (Arch. de Lucq. Corresp. privée
de Princes. Vol. CXCVIII.)

semestre de 1803, l'achat au comptant que fit le premier Consul à sa sœur des biens de Corse que celle-ci avait reçus en dot de ses frères le 6 juin 1797 à Milan. C'étaient la terre de Campoloro ou de Torre Vecchia, les vignes et terres situées au Vitullo, et celles dites de Maria Stella, toutes possessions patrimoniales venues aux Bonaparte par héritage et que Napoléon rachète alors pour en disposer en germinal an XIII (mars 1805) en faveur du mari de sa marraine Nicolas Paravicini et presque en même temps de sa nourrice Camilla Ilari [1]. Cette combinaison à coup sûr aida Élisa à devenir propriétaire à Paris, sans compter que Napoléon achète encore, en 1804, une autre terre appartenant à son beau-frère Félix en propre, celle de Pantano, au territoire de Mezzano (Corse), consistant en maison d'habitation, jardin, terres, meubles, bestiaux et ustensiles, moyennant un prix de 30,000 francs payés comptant [2].

Si l'on veut se rendre compte où était situé

1. Pour plus de détails sur ces libéralités, voyez Masson et Biagi, *Napoléon inconnu*, I, 25 et 28, 29.

2. Même ouvrage, II, 433.

l'hôtel d'Elisa dans la rue de la Chaise, il convient de se reporter aux art. 4 et 5 du décret
impérial rendu le 15 pluviôse an XIII (4 février 1805), qui ordonnaient que les numéros impairs d'une rue se trouvassent au côté
gauche, et que ce côté gauche serait déterminé
dans les rues perpendiculaires à la Seine,
comme l'est justement celle qui nous occupe,
par la gauche du passant se dirigeant vers la
rivière. Or, comme la rue de la Chaise existe
encore à l'endroit où elle se terminait, — bien
que les numéros actuels soient changés même
de côté, — c'est-à-dire rue de Grenelle, on voit
donc que l'hôtel du 7 devait se trouver entre
la rue de Varenne et la rue de Grenelle, à
droite en partant de la première vers celle-ci, à
peu près là où l'on voit aujourd'hui les n°s 5, 3
et 1.

Les agrandissements qu'Élisa y apportera
deux ans plus tard, en le réunissant à l'hôtel
Cicé, donnèrent à l'ancienne demeure de Maurepas, une étendue considérable, des appartements nombreux qu'elle relia par une galerie
et une double entrée, tant rue de Grenelle que
rue de la Planche (partie de la rue de Varenne

actuelle allant de la rue du Bac à la rue de la
Chaise). — Il y avait même déjà un jardin, et
sans doute assez grand, témoin l'autorisation
qu'obtient la princesse, en octobre 1804, de
faire extraire à son intention des plantes aux
pépinières du Luxembourg et du Roule qui
étaient dans les attributions du ministre de
l'Intérieur[1].

L'aspect de ce palais, car en 1807 les amé-
liorations qu'on y avait poursuivies lui avaient
ajouté cette tournure, a disparu complètement
aujourd'hui par suite des amoindrissements
successifs et du partage des terrains. En tous
cas, Élisa n'avait rien construit de saillant, sa
demeure se composant, comme celle de son
oncle Fesch rue du Mont-Blanc, de plusieurs
hôtels soudés les uns aux autres. Comme il
y avait des réparations à ordonner à cette
maison, des changements à y introduire, un
mobilier à commander, Élisa s'adressa à
l'architecte Bienaimé[2], qui se mit bientôt

1. Arch. Lucq. Lettres privées adressées aux Baciocchi. Secrétairerie d'État. Vol. CXCVIII. *Le ministre à
S. A. I.*
2. P. Th. Bienaimé (1765-1826).

à l'ouvrage. On y travaillait encore en mai
1804[1].

Au milieu de ces soucis, Baciocchi ne menait pas grand bruit et laissait à sa femme une
sorte de direction. Son peu de vanité avait
l'avantage de ne lui procurer aucune inimitié.
Les Bonaparte l'appréciaient pourtant, sans
s'en préoccuper beaucoup. Il entretenait de
bons rapports avec tous. Le 5 novembre 1803
(13 brumaire an XII), il est appelé à faire
partie du conseil de famille institué à la justice
de paix du Ier arrondissement, en faveur du
tout jeune enfant de sa belle-sœur Pauline,
demeuré orphelin par suite de la mort du général Leclerc[2]. Il représente avec Louis et Lucien la ligne maternelle, et ses fonctions ne du-
rèrent pas longtemps, car le pupille mourut en
bas âge[3].

1. Arch. Lucq. corresp. des Princes, vol. CXCVIII
(détails pris là).
2. Renseignement extrait de l'acte authentique faisant partie d'un dossier aux mains de M. G. Charavay
en 1893.
3. Le jeune orphelin, né à Paris en 1798, mourut âgé
de cinq ans, en thermidor an XII (14 août 1804). Pau-

L'été approchait. Mme Baciocchi se disposa à retourner à la campagne chez ses frères; elle n'avait, pour ainsi dire, que l'embarras du choix; sa société y était toujours désirée, surtout par Lucien. Aussi fréquenta-t-elle comme l'année précédente le Plessis (un peu moins pourtant ce dernier), Mortefontaine et Malmaison; elle se trouvait notamment à Mortefontaine le 24 juin, lorsque le premier Consul s'arrêta, ce jour-là, au château et y fit sa première étape du voyage qu'il allait entreprendre en Belgique.

Un témoin oculaire[1] a laissé des détails sur cette visite. Le soir, au dîner auquel assistaient la plupart des membres de la famille, le premier Consul eut la fantaisie de déranger l'ordre des préséances en donnant à sa femme Joséphine le pas sur sa mère et Madame Joseph. Parmi les intimes présents à ce dîner, nous citerons, outre les officiers de

line, qui se trouvait alors aux bains de Lucques, apprit sa mort à cette époque, par Derville Maléchart, résident de France à Lucques, qui en avait reçu la nouvelle par un courrier du cardinal Fesch. (Arch. Lucq. Registre Derville. Lettre n° 151.)

1. Madame de Rémusat. *Mémoires*, I, 234 et suivantes.

la suite, Duroc et Fontanes, l'inséparable ami
de Mme Baciocchi [1].

Il a été dit qu'au retour des campagnes de
l'an VIII et de l'an IX à l'armée du Rhin,
Baciocchi avait été appelé à Paris. Il servait
dans la garde consulaire.

Neuf mois après, il réside à Sedan en qualité
de chef de brigade [2].

1. M. Iung, t. II, 250 et 251, *Mémoires de Lucien Bonaparte*, place cette journée à Mortefontaine en 1802 et
reproduit le passage des mémoires où la scène est ra-
contée. Les souvenirs de Lucien l'ont bien mal servi,
lorsqu'il écrivait ses mémoires vers 1811 en Angleterre.
Bien que Mme de Rémusat ait rédigé les siens en 1818,
elle est très précise sur la date du 24 juin 1803. D'ailleurs la circonstance qu'elle rapporte ne permet pas de
douter qu'elle fut très frappée de tout ce qui se passa
ce jour-là, puisqu'elle eut une conversation à table
même avec le premier Consul. Mais où Lucien dépasse
toute licence dans sa manière d'écrire l'histoire,
c'est quand il ajoute une note appuyant son récit
où l'on trouve ceci : « Le couvert de la princesse Élisa,
l'aînée de ses sœurs, avait été mis au-dessous de celui
de Caroline, reine de Naples. (Caroline, reine de Naples,
en 1802 !!!) Élisa n'était que princesse de Lucques (Élisa,
princesse de Lucques en 1802 !!), etc. »

2. On a vu de lui, datée de cette ville, 21 prairial
an XI (10 juin 1803), une lettre adressée au citoyen Fontanes. (*Catal. d'autographes dépendant de la succession de*

« 2ᵉ DIVISION

« *Bureaux de la garde des consuls.*

« A Sedan, le 3 thermidor, an IX de la
République (22 juillet 1803).

*Le chef de brigade de la 26ᵉ d'infanterie légère,
au général Berthier ministre de la Guerre.*

« GÉNÉRAL MINISTRE,

« Il ne m'est jamais parvenu d'ordre pour
vous adresser directement la liste des candidats que le corps que j'ai l'honneur de commander doit fournir pour le recrutement de la
garde des Consuls. Ils ont été portés, d'après
les seules instructions qui me sont parvenues
à cet égard, sur les livrets de l'inspecteur général. Pour me conformer avec exactitude à
l'intention de votre dernière lettre concernant
cet objet, j'ai l'honneur de vous adresser sur-le-
champ, la liste des trois candidats désignés par
bataillon. — J'ai l'honneur de vous saluer.

« BACIOCCHI. »

*Mᵐᵉ C. de Fontanes et provenant pour la plupart des pa-
piers de M. de Fontanes, premier grand maître de l'Université.)* Vente aux enchères publiques à Genève, le
16 janvier 1875. — Genève, imprimerie Ramboz, 1874.

Même vie à Paris que l'année précédente,
dans l'hiver de 1803. Le 6 novembre est célébré le mariage du prince Camille Borghèse
avec Pauline Bonaparte. Élisa y assiste avec
son mari.

Bientôt celui-ci sera détaché au camp de
Boulogne, comme l'apprend indirectement
une lettre d'Élise à son frère Joseph qui,
nommé colonel du 4ᵉ régiment d'infanterie de
ligne par arrêté consulaire du 23 germinal an
XII (13 avril 1804), allait se rendre au quartier
général de l'armée, à Pont de Briques. Dès le
soir de ce jour, Élisa, qui a un paquet à faire
parvenir à son époux, court chez Joseph[1].

« Je suis passée hier au soir pour vous voir
(écrit-elle en effet le lendemain à Joseph), l'on
m'a dit que vous étiez parti pour Mortefontaine. J'avais espéré vous voir avant votre départ pour Boulogne.

« Seriez-vous assez aimable pour vous char-
ger d'un petit paquet pour Baciocchi, il con-

---

1. Joseph ne quitta Paris que le 8 floréal (28 avril.) Le
4ᵉ de ligne faisait alors partie de la division Vandamme.

tient un habit et des épaulettes. — Je le ferais mettre chez vous si vous pouviez le porter. Embrassez bien pour moi Julie et les petites. Julie m'avait promis de me les envoyer. Comptez, mon cher frère, sur tout mon attachement. — Je vous embrasse de tout mon cœur.

« ÉLISA BACIOCCHI[1].

« 24 germinal. »

Félix était alors colonel du 26ᵉ d'infanterie légère à Boulogne, et, pour parler plus exactement, son régiment, en vendémiaire an XII (septembre-octobre 1804), avait ses logements à Ambleteuse. Bien qu'il s'en tînt souvent éloigné, — parce qu'il était appelé à Paris, — ses officiers l'estimaient beaucoup, comme en témoigne la correspondance qu'il en recevait[2]. Il comptait aussi, à l'armée de Saint-Omer, des proches parents de Corse, son neveu B. Cattaneo (fils de sa sœur ainée Marie Bettina, mariée à un Cattaneo), qui commandait

1. Lettre autographe appart. à l'auteur.
2. Arch. Lucq. corresp. privée des Princes.

le bataillon de tirailleurs du Pô [1] et les frères Rossi, du 26e, ses protégés. Ces derniers étaient fils de sa sœur, veuve, pensons-nous, du lieutenant-colonel du 3e bataillon des chasseurs royaux corses en 1788, de son nom Nicolas de Rossi, chevalier de Saint-Louis [2].

Elisa, toujours au fait de la politique, cédait parfois à de généreuses inspirations. Et en ce qui concerne les présentes, il n'y a pas témérité de croire qu'elles lui furent soufflées par son ami Chateaubriand, alors à Paris, retour de Rome. Elle tenait tant à conserver Chateaubriand à son frère, qu'on la verra le mois suivant, en mars, traiter de défection [3] la démission que venait de donner avec éclat Chateaubriand du poste de ministre à Sion, pour lequel encore elle s'était employée.

1. *Ibidem*. Cattaneo au colonel Baciocchi, 12 vendémiaire an XIII. Ce Cataneo recommandé par son oncle à la cour de Joachim, fit toute sa carrière à Naples. Il était en 1811 aide de camp du roi, maréchal de camp et commandeur de l'ordre des Deux-Siciles.

2. L'identité de ce Rossi n'est pas certaine ici, car, suivant d'autres documents, le beau-frère de Félix mourut en 1819.

3. Voyez *Mémoires d'outre-tombe*. Vol. II, année 1804.

En ce moment (février 1804), elle s'efforçait d'attirer la pitié du pouvoir sur l'un sinon sur plusieurs des affidés de la conspiration royaliste organisée par ceux que l'on appelait les émigrés de l'Intérieur, et à la tête de laquelle se distinguaient le chouan Georges, les généraux Moreau et Pichegru, Lajolais, les frères Polignac, de Rivière, etc... La condamnation du duc d'Enghien devait être une des conséquences du procès instruit spécialement contre eux par le conseiller d'Etat Réal, attaché au ministère de la police.

Le billet suivant d'Elisa, ayant trait à l'une des victimes, honore sa mémoire :

« J'adresse au citoyen Réal une pétition dont j'ai entretenu le premier Consul ; je désire, si les faits sont exacts, que les lois de l'humanité puissent se concilier avec les mesures de sûreté publique.

« ELISA BACIOCCHI BONAPARTE.

« Le 23 pluviôse (13 février).
« Répondu le 28 pluviôse[1]. »

R.

1. Doc. appart. à l'auteur.

Ce patronage était-il, de la part d'Elisa, une sorte de réplique de l'intercession de Joséphine auprès du premier Consul en faveur d'Armand de Polignac? — On doit d'autant plus le penser, qu'une contemporaine, peu suspecte de condescendance pour les Bonaparte, l'affirme : « Les sœurs du premier Consul, dit-elle, conduisirent les femmes des condamnés à Saint-Cloud dans leur voiture, avec une sorte d'apparat, pour solliciter la grâce de leurs époux. Ces démarches, sur lesquelles l'empereur, je crois, avait été consulté d'avance, eurent quelque chose de moins naturel que celles de l'impératrice, parce qu'elles parurent trop bien concertées. Mais enfin elles servirent à conserver la vie à un certain nombre d'individus [1]. »

Toutefois l'intervention d'Élisa ici ne vise pas le duc d'Enghien, qui fut arrêté seulement un mois plus tard, le 15 mars, à Ettenheim [2].

Elle s'intéressa aussi au malheureux Bourbon lui-même, car si nous en croyons un

---

1. Mme de Rémusat. *Mémoires*, II, 68.

2. Voyez Rovigo, *Mémoires*, II, 351, édit. in-8. Bossange, 1828.

témoignage imprimé en 1820, Elisa eut la hardiesse de dire à *Bonaparte*, quelques heures avant la mort du duc : « Craignez, mon frère, qu'une des balles qui traverseront le Prince ne vous brise par contre-coup le sceptre dans les mains. » — Mme Baciocchi, ajoute l'auteur auquel nous empruntons cette citation, savait probablement alors que son frère visait la couronne de France [1].

Précisément, le 21 mars 1804, jour du drame de Vincennes, Baciocchi, profitant d'un des nombreux congés qu'il passait régulièrement à Paris, parut avec Elisa le soir à Malmaison. « Peu à peu arrivèrent, dit Mme de Rémusat, témoin oculaire [2], Joseph Bonaparte, M. et Mme Baciocchi, accompagnés de M. de Fontanes. » Lucien, déjà brouillé avec le premier Consul, ne vint pas, mais bientôt Murat, le préfet de police Dubois, les conseillers d'Etat, etc., etc., empli-

1. *Mémoires historiques et secrets de l'impératrice Joséphine*, par Mlle Lenormand, II, 115.
2. *Mémoires*, I, 331. — Bien que le premier Consul, eût fixé son séjour à Saint-Cloud, dès la fin de septembre 1802, d'après Fontaine, la Malmaison le revit encore plus d'une soirée avec ses hôtes ordinaires, sous le Consulat.

rent le salon. L'annonce du tragique événement fut introduite dans une longue conversation commencée par le Consul avec Fontanes et que tous les invités entendirent.

Jusqu'au 18 mai 1804, jour de la proclamation de l'Empire au palais de Saint-Cloud, Elisa fit de fréquentes apparitions dans cette résidence où le premier Consul était installé. Elle et Mme Murat s'y rencontraient souvent avec Talleyrand et Fouché, qui se montraient, entre bien d'autres, d'éloquents adulateurs de Mme Baciocchi.

Le soir du 18 mai, après que le Sénat, venu en corps pour offrir l'hérédité et la couronne impériale au premier Consul, se fut retiré, Bonaparte retint à dîner, au château, les ministres et tous les membres de sa famille. Déjà les titres de *princes* et de *princesses*, officiellement dévolus par un récent protocole à ces derniers, circulaient de bouche en bouche, voire même avec aisance, malgré les treize ans d'égalité démocratique qu'on venait de traverser. Ce jour-là, en tous cas, Mmes Murat et Baciocchi, Caroline surtout, ne dissimulaient pas leur dépit de voir les alliés de la famille impériale,

21.

les Beauharnais, mis sur le même pied que les princes du sang. Mme Murat, au dîner, ne put se dominer, pleura, et eut une violente crise de nerfs. — « Mme Baciocchi, plus âgée, plus maîtresse d'elle-même, ne pleurait pas, mais elle se montrait brusque, tranchante et traitait chacun de nous avec une hauteur marquée[1]. » En fin de compte, les deux sœurs firent tant et si bien que Napoléon, irrité à la fois et touché de l'état inquiétant de Caroline, permit à Talleyrand et à Cambacérès de rédiger une consultation où fut reconnu, pour les princes du sang, le titre tant convoité par les ambitieuses jeunes femmes d'*Altesse* impériale[2].

Ce rang nouveau assure à Elisa un tabouret près du trône, sans compter l'influence. Elle en a une, en effet, et déjà singulièrement puissante, témoin son intervention auprès de Bonaparte, après la démission de Chateaubriand, intervention arrêtant net tout éclat de sa part, fait très significatif et combien rare ! témoin encore, dans un autre ordre d'idées, cette lettre que La

1. Voyez *Mémoires*, I, 396, Mme de Rémusat.
2. *Ibidem*, I, 398.

Touche-Tréville lui écrit en rade de Toulon, à bord du *Bucentaure*, le 1ᵉʳ thermidor an XII (20 juillet 1804), pour la remercier de l'avoir fait élever à la dignité de grand officier de l'Empire[1].

Le dimanche 15 juillet 1804 (26 messidor an XII), anniversaire de la prise de la Bastille, eut lieu aux Invalides la prestation solennelle du serment de la Légion d'honneur[2]. Les souverains s'y rendirent en grand cortège. Elise part des Tuileries avec l'impératrice et ses autres sœurs dans une voiture à six chevaux. Le soir il y eut concert sur la terrasse du château et, à 10 heures, sur le Pont-Neuf, un feu d'artifice. Les jardins et les principaux édifices de Paris étaient illuminés.

1. Arch. Lucq. *Lettere private ai principi*, reg. 198.
2. Le peintre Debret a laissé un beau tableau de cette fête ; il se trouve au musée de Versailles.

PIÈCES JUSTIFICATIVES

PIÈCES JUSTIFICATIVES

I

Extrait de baptême

de Marie-Anne Bonaparte (Élisa)

L'an 1782, le 20 janvier, nous attestons du livre dans lequel s'écrivent les actes de baptême, avoir extrait mot pour mot ce qui suit :

L'an 1779, le 4 septembre, dans la paroisse de Saint-Jérôme, je soussigné archiprêtre, ai accompli les saintes cérémonies, en ondoyant dans la maison, et par la permission de Monseigneur l'évêque,

Marie-Anne, fille du très illustre Charles de Buonaparte, noble du royaume, et de la très illustre dame Marie Lætizia, sa femme, née le 3 janvier de l'an 1777.

Parrains : le révérendissime chanoine vicaire, Ignace-Mathieu Costa qui signe et nous.

En foi de quoi,

Signé : JEAN-BAPTISTE FORCIOLI,

archiprêtre d'Ajaccio.

Nous Jacques-Philippe Ducorrech de Raguine, juge royal d'Ajaccio, certifions à tous qu'il appartiendra, que le sieur Jean-Baptiste Forcioli, qui a signé ci-dessus, est archiprêtre de cette ville, et qu'en sa qualité, foi doit être ajoutée à sa signature, tant en jugement que dehors, à la foi de quoi nous avons délivré et signé le présent et sur icelui fait apposer au greffe le sceau de la juridiction.

Fait à Ajaccio, le 20 janvier 1782, signé Ducorrech de Raguine. Vu par nous, lieutenant général des armées du roi, commandant en chef, et par nous, intendant et commissaire départi en Corse.

Signé : comte DE MARBEUF,   DE BOUCHEPORN.

———

ACTE DE BAPTÊME DE NOUVEAU LÉGALISÉ

Ajaccio, le 15 juin 1844.

L'officier de l'état civil,

P. F. PÉRALDI.

Vu bon pour légalisation de la signature du sieur P. F. Péraldi, maire d'Ajaccio.

Ajaccio, le 17 juin 1844, le Président du tribunal civil, chevalier de la Légion d'honneur,

CUNÉO D'ORNANO.

II

Brevet d'admission d'Élisa à Saint-Cyr.

Aujourd'hui, le 24 novembre 1782, le roi étant à Versailles, bien informé que la demoiselle Marie-Anne de Buonaparte a la naissance, l'âge et les qualités requises pour être admise au nombre des demoiselles qui doivent être reçues dans la maison royale de Saint-Louis, établie à Saint-Cyr, ainsi qu'il est apparu par titres, actes, certificats et autres preuves, conformément aux lettres patentes du mois de juin 1686 et mars 1694, Sa Majesté lui accorde une des deux cent cinquante places de ladite maison, enjoignant à la Supérieure de la recevoir sans délai, de lui faire donner les instructions convenables et de la faire jouir des mêmes avantages dont jouissent les autres demoiselles en vertu du présent que Sa Majesté a, par son assurance de sa volonté, signé de sa main et fait contresigner par moi, ministre et secrétaire d'État et de ses commandements et finances.

Signé : Louis.

Le baron DE BRETEUIL.

Archives de Versailles.

Document reproduit par Th. Lavallée, *Histoire de la Maison de Saint-Cyr* (1686-1793).

III

Extrait d'une lettre autographe de
Ch. de Buonaparte, datée d'Ajaccio, le 7 juin 1783
à M. le comte de Mondion.

(Ancienne collection Feuillet de Conches.)

Bonaparte (Charles de), père de l'Empereur Napoléon
(1746-1785).

...Vous devez être persuadés, M. et Mme la comtesse, du plaisir que nous aurons de vous revoir, cependant, cela dépend beaucoup du hasard, attendu que ma fille a obtenu la place pour l'année prochaine 1784, et il pourrait cependant se faire que nous allions à Paris, dès l'hiver prochain si le ministre nous accorde d'amener notre petite.

Nous sommes sensibles, Madame de Buonaparte et moi, au souvenir de Mlle de Mondion, et vous prions de l'assurer de notre sincère attachement.

J'ai l'honneur d'être..., etc.[1].

1. Cette lettre a été publiée par M. de Lescure, *Le Château de la Malmaison*, 1 vol. in-12. Plon, p. 203 et 204.

IV

Pièces relatives au départ d'Élisa de Saint-Cyr.

A Messieurs les administrateurs de Versailles.

Messieurs,

Buonaparte, frère et tuteur de la demoiselle Marianne Buonaparte, a l'honneur de vous exposer que la loi du 7 août, et plus particulièrement l'article additionnel décrété le 16 du même mois, supprimant la maison de Saint-Louis, il vient de réclamer l'exécution de la loi et ramener dans sa famille ladite demoiselle sa sœur, des affaires très instantes et de service public l'obligeant à partir de Paris, sans délai ; il vous prie de vouloir bien ordonner qu'elle jouisse du bénéfice de la loi du 16 et que le trésorier du district soit autorisé à lui escompter les vingt sous par lieue, jusqu'à la municipalité d'Ajaccio (Corse), lieu de domicile de ladite demoiselle et où elle doit se rendre auprès de sa mère.

Avec respect.

BUONAPARTE.

Le 1er septembre 1792.

Au verso de la présente on lit :

J'ai l'honneur de faire observer à Messieurs les administrateurs que n'ayant jamais connu d'autre père que mon frère, si ses affaires l'obligeaient à partir sans qu'il ne m'amenât avec lui, je me trouverais dans l'impossibilité absolue d'évacuer la maison de Saint-Cyr.

Avec respect.

MARIANNE BUONAPARTE.

Extrait du registre des délibérations
du Directoire du district de Versailles

Du 1er septembre 1792.

(4e de la liberté et 1re de l'égalité.)

Vu la pétition, de l'autre part l'extrait du procès-verbal de l'Assemblée Nationale du 16 de ce mois et le certificat de la municipalité de Saint-Cyr ;

Ouï M. le premier Syndic,

Le Directoire est d'avis qu'il y a lieu de délivrer, au profit de la demoiselle Buonaparte, un mandat de la somme de 352 livres, pour se rendre à Ajaccio, en Corse, lieu de sa naissance et de la résidence

22.

de sa famille, distant de 352 lieues; qu'en conséquence, le sieur Buonaparte est autorisé à retirer de la maison de Saint-Cyr la demoiselle sa sœur, avec les hardes et linge à son usage.

Homologué le 1ᵉʳ septembre pour copie,

Signé : CORDERANT.

V

Documents sur les Baciocchi
ancêtres et contemporains de Félix.

(Extrait du manuscrit généalogique[1].)

A

Giovan Maria secondo figlio di Guerrino Baciocchi e Laura Degoneto avea per moglie Laura Bonaparte, figlia di messer Geronimo, secondo presidio

---

1. Nous reproduisons ici le texte italien, comme il existe sur l'original.

Ornano ed il testamento della sud.ª Laura trovasi dal notaro Pietro Sputurno. Hebbe questo il grado di capitano della Serenissima Republica di Genova avendo fatto la leva d'una compagnia corsa di due cento fanti meta moschetteri e meta infanteria; come si vede della seguente patente del primo luglio 1625.

Duci Governatori e procuratore della Republica di Genova.

Avendo resoluto di eleggere un capitano in Corsica di ladomonte e confidati molto nella fede e valore del Alfier Gio Maria Baciocchi d'Ajazzo qual nell' operazione fatte dall' illustre Galeazzo Giustiniani nostro commissario nella riviera di Ponente per la Republica si e diportato valorosamente che cosi e da d.º nostro commissario e dall illustre Gio Bâtta Saluzza, ed Agostino Centurione nostri commissari ci e stato riport.º Percio l'abbiamo eletto capitano di due cento fanti Corsi, meta moscheteri che lui dovra levare da detta Isola che pero non siano menori di venti anni e condure a nostri servizzi, e questo a beneplacito nostro, e col stependio, honori, emolumenti, carighi e oblighi, che simili capitani sogliono avere, e a loro spetano e con facoltà anco di eleggersi un luogotenente o un ajutante di sergente, oltre li sotto officiali. Laonde comandiamo al nostro governatore ed altri guidi-

centi della detta Isola nostra et ad ogni altro a ch.
speta, che al nostro capitano permettano fare la
sud^a Levata e dyino ajuto e favore a ció possa
eseguir la detta cura che li abbiamo appoggiata e
a tutti l'ufficiali e soldati di compagnia li ubbedis-
cano in tutto cioche a la sua carica s'appartiene
per quanto tengono cara la grazia nostra. In fede
di che le presente sarano impresse del nostro solito
sigillo e firmato dal infra tto nostro cancelliere et
segretario.

Data in Genova nel nostro Ducal Palazzo il primo
luglio 1625. Zaccharia Vadorno segretario.

In seguito poi delle lodate operazioni sue espe-
rienza, e valore militare fu fatto dalla stessa SS^ma
Republica, governatore della citta di Digna, Stato
della midesima Rep^ca ove si distinse colsuo zelo ed
attacamento verso il suo Principe [1].

Traduction de la patente ci-dessus.

Jean-Marie, second fils de Guerrino Baciocchi et
Laure Degoneto, avait pour femme Laure Bonaparte, fille de messire Jérôme selon Ornano (?) et le

1. Communiqué par André Baciocchi d'Ajaccio en 1893.

testament de susdite Laure se trouve chez le notaire Pierre Sputurno. Celui-ci eut le grade de capitaine de la Sérénissime République de Gênes. Ayant
fait la levée d'une compagnie corse, forte de deux
cents hommes, moitié mousquetaires moitié infanterie, comme on le voit dans la patente suivante
du 1er juillet 1625 ;

Les duc gouverneurs et procureurs de la République de Gênes,

Ayant résolu de choisir un capitaine en Corse
(pro : ladomonti) et très confiant dans la fidélité
et la valeur du porte-drapeau Jean-Marie Baciocchi
d'Ajaccio qui, dans les opérations faites par l'illustre Galéas Justiniani, notre commissaire dans la
rivière du Ponant pour la République, ainsi qu'il
nous a été référé par notre dit commissaire, aussi
bien que par l'illustre Jean-Baptiste Saluzzo, et
Augustin Centurion, nos commissaires. Pour ces
motifs nous l'avons nommé capitaine de deux cents
fantassins corses, moitié mousquetaires, qu'il devra
lever dans cette île, qui cependant ne devront pas
rester engagés moins de vingt ans à notre service,
cette question de temps demeurant à notre bon
plaisir, avec la paye, les honneurs, émoluments,
charges et obligations que les capitaines similaires
ont coutume d'avoir et en ce qui le regarde à
(leur risque ?), et avec la faculté aussi de se choisir

un lieutenant et un adjudant de sergent, outre les
sous-officiers. Par conséquent, nous ordonnons à
notre gouverneur et autres autorités de ladite île
notre, et à tout autre à qui il incombe, qu'il soit
permis à notre dit capitaine de faire la susdite
levée, et qu'ils lui prêtent aide et faveur pour exécuter le mandat dont nous l'avons chargé, et recom-
mandons à tous les officiers et soldats de ladite
compagnie qu'ils obéissent au capitaine pour tout
ce qui touche à la charge dont il a commission,
comptant qu'ils doivent tenir pour chère notre
bonne grâce. En foi de quoi les présentes seront
revêtues de notre sceau ordinaire, et signées ci-
dessous par notre chancelier et secrétaire.

Donné à Gênes en notre Palais Ducal, le 1er juillet 1625 (Zacharie, Vadorno, secrétaire).

En suite de ses louables opérations, de son expérience et de sa valeur militaire, il fut fait par la
Sérénissime République gouverneur de la cité de
Digna, Etat de la même République, où il se distingua par son zèle et son attachement à son Prince.

B

A Antiquité et noblesse de la famille Baciocchi.

(Attestation des magistrats d'Ajaccio.
Avril 1768) [1].

Testimonium civitatis Adiaci in Regno Corsicæ super antiquitate et nobilitate familiæ de Baciocchi.

Familia Baciocchorum una et ex primariys nobilioribusque in Regno Corsicæ, si antiquitatem illius spectemus, sive spectentur honores, dignitates et munera quibus ab immemorabili tempore potita est in nostra civitate, ut constat ex archivio civitatis cujus semper ornamentum, et presidium fuit atque temporibus nostris, sive spectentur fædera, affinitates et cognationes quas habuit habetque modo cum aliis familiis e que illustribus de Columna Bozzi, de Columna Istria, de Columna Ornano, de Puteoburgensis, de Tavera, de Ornano, de Sorsa, de Cuneo, de Gozzi in hoc Regno, et de Adurna de civitate Ganuensi (Gênes).

1. Le texte latin ici renferme des incorrections et des archaïsmes que nous reproduisons comme sur la pièce originale.

Hujus familiæ primam originem opiscari non possumus nisi quod nunc etiam sunt prope civitatem nostram duæ terræ quæ appellantur Baciocchorum, a quo loco venisse in hanc urbem verisimile est, sed cum et urbs et castella vicina ob bellorum frequentiam diruta sint et desolata in eisque deperdita archivia, jura, tituli et monumenta majorum supersunt modo pauca manuscripta, ex quibus constat cum familiæ antiquitas tum ejusdem nobilitas quæ : quidam manuscripta magnifici Joannes Baptista et Joseph Antonius fratris filii quondam Illustrissimi Ducis Nicolaï de Baciocchi amboque tenentes in regno Corsicorum Regimento apud majestatem cristianissimam nobis presentia fecerunt una cum privilegiis honoribus et declarationibus quos ipsa Respublica Januensis ipsa qui magistratibus Adiaciy in honorem suæ familiæ fecerunt. Primo Respublica anno Domini millesimo quinquagesimo septuagesimo quarto die vigesima secunda novembris et postea millesima quingentesimo nonagesimo sexto die vigesima secunda decembris declarat familiam Baciocchorum gavisam semper fuisse omnibus dignitatibus, prerogativis et exemptionibus iisdemque vult impos gaudere precipitque gubernatoribus, et commissariis hujus Regni, ipsique magistratui hujus civitatis ne possent impedire venditionem et extractionem extra Insulam frumenti, vini, oliy et aliorum generum quæ proveniunt ex prædiis et terris hujus familiæ; neque eam obligare sub quovis pretextu ad aliquod onus, vel gravamen impositum vel imponendum cum hæc familia sit etiam exempta a Primitiis decimij quæ debentur Ecclesiæ. In eadem declaratione Republica legitur servos et domesticos hujus familiæ habere et habituros privilegium singulare ferendi omne genus armorum, non obstante quacumque proibizione.

Eadem serenissima Respublica anno Domini millesimo sexcentesimo quadragesimo sexto declarat et vult viros hujus familiæ frui privilegio quod semper habuerunt se cooperiendi et sedendi coram serenissimo senatu Genuensi et quocumque alio magistrato in ejusdem dominio, non secus ac si essent scripti in libro primariorum nobilium et Patriciorum Ganuensium, quos honores et privilegia pauci verique nobiles habent in nostro Regno.

Insigna hujus familiæ sunt : Pinus cum suis fructibus ex cujus trunco flammæ egrediuntur, campus flavus, corona marchionis et duo leones Talamones ; hæc omnia ex nostro archivio deprompta sunt et huic attestazioni manu propria subscribimus sigilloque civitatis ad fidem faciendam firmamus : Stephanus Fontanabonæ, Angelus Montepagonus; Ascanius Cuneo; Nicolaus Stephanopoli *Seniores*.

In quorum dati Adiaciy ex Canrion comitis ac die

Aprilis, 1768. Innocentius Putens Burgensis nota-
rius, et Ill^{mi} magistratus Cancellarius.

C

Au prince Félix.

Bonn-sur-le-Rhin, le 9 juillet 1806 [1].

Monseigneur,

Une famille malheureuse établie à Bonn, département du Rhin-et-Moselle, prend la respectueuse
liberté de rappeler à V. A. S^e. leur frère Nicolas-
Joseph Baciocchi par lequel elle se trouve exposée
à l'extrême misère. Il a placé tout notre bien à
Paris en rente viagère et dans la Compagnie des
Nouvelles-Indes ainsi qu'une somme considérable
dans la banque Lambert, dont depuis 1792, il n'a
plus tiré ni rentes ni intérêts. Et pour comble de
malheur le banquier Lambert, sans doute par ma-

1. Arch. nat. AF_{iv} 1716.

lice, l'a fait inscrire du temps de la Terreur sur la
liste des émigrés du département de Seine en lui
mandant qu'il avait dû rendre compte à la nation
de la somme par lui placée dans sa banque. Nous
engageâmes notre frère en 1802, de se rendre de
Bonn à Paris pour y solliciter sa radiation de la
liste des émigrés et la restitution de son bien,
mais malgré qu'il a fourni les preuves exigées tant
par la préfecture de Coblentz que par celle de
police à Paris et même par Son Excellence le ministre de la Justice; malgré le rapport fait par ce
dernier au Conseil d'Etat que ledit Baciocchi n'ayant
jamais eu de domicile fixe en France, laquelle
n'était devenue sa patrie que depuis la réunion des
quatre départements sur la rive gauche du Rhin,
ne pouvait être assimilé aux émigrés français, ni
comme tel, être soumis aux lois sur les amnistiés,
mais jouir du bénéfice de la délibération du Conseil
d'Etat du 9 thermidor an X, relative aux étrangers;
malgré que notre frère eût le bonheur d'être recommandé par Votre Altesse au Grand-Juge et au
Ministre de la Police qui ne trouva aucun obstacle
d'assurer Votre Altesse qu'incessamment il serait
mis sur le tableau de l'annulation, et que M. Jolivet,
commissaire-général dans les quatre départements
de la rive gauche du Rhin, reconnaissant la justice
de ces réclamations, fit passer au Ministre de la
Police le rapport du préfet du Rhin-et-Moselle
accompagné des copies certifiées des pièces pro-

duites par le pétitionnaire avec invitation de faire
accélérer le prononcé; malgré tout cela, il ne put
obtenir la discussion de ses justes prétentions.
Voyant par cet imprévu et malheureux travers le
reste de son bien mangé et lui avec son frère et sa
sœur réduits à l'indigence, il perdit l'esprit, de
sorte que nous fûmes obligés de le retirer de Paris
et de le faire transporter ici, en frimaire de l'an XII
où, jusqu'à ce moment, il se trouve dans l'état le
plus pitoyable, ne se souvenant plus de la moindre
chose, et dépourvu comme nous, de tout moyen de
subsistance. Dans cette malheureuse situation, je
m'adressai à Son Excellence le Ministre de la Justice en le suppliant de me vouloir informer sur ce
qui pouvait apporter du retard à la radiation de
mon frère de la liste des émigrés et d'ordonner
qu'il nous soit fait une avance sur nos justes prétentions. Son Excellence me fit avertir que j'avais
à soumettre la réclamation au Ministre des Finances
avec les pièces sur lesquelles nous la fondons.
C'est donc à ce dernier que je me suis adressé en
sollicitant la liquidation d'une rente viagère de
4,000 francs annuels dont, depuis 1792, on a cessé
le payement. Il me fit répondre par *M. Agier, directeur de la liquidation générale de la Dette publique,*
2° division, 3° section, n° 33.062, en date du 11 floréal an XIII, que la liquidation de mon frère ne
pourrait se faire sans qu'il fournît un certificat de
résidence et un acte de notoriété rectificatif de

l'erreur commise dans son contrat de rente viagère
dans lequel il est nommé Nicolas-Joseph-*Marie*,
tandis que d'après son baptistère il se nomme seulement Nicolas-Joseph. Le 7 prairial an XIII le certificat de résidence et l'acte de notoriété furent
expédiés et présentés à Messieurs les Directeurs
de la liquidation. Plein d'espérance qu'à présent
toutes les difficultés seraient levées, j'attends jusqu'ici infructueusement le prononcé, par lequel la
radiation de mon frère sur la liste des émigrés et
la restitution de nos biens seraient accordées.
Dans cette situation désolée une famille innocente,
mais par cet accident malheureux plongée dans
l'extrême misère, prend la liberté de se prosterner
devant Votre Altesse Sérénissime en la suppliant de
bien vouloir lui accorder sa protection afin qu'un
prononcé favorable nous mette enfin dans la jouis-
sance de nos biens et nous fasse éviter la honte
d'aller mendier notre pain dans nos vieux jours.

C'est vous seul, Monseigneur, qui pouvez dé-
tourner ce triste sort d'une famille malheureuse,
qui vous sera toujours attachée plus encore par
inclination que par reconnaissance, et qui vous
prie d'agréer l'assurance de son profond respect.

Monseigneur de V. A. S", le très humble et très
obéissant serviteur.

Pierre de Baciocchi.

———

23.

D

Les Baciocchi d'Alexandrie.

(Piémont.)

Ceux-ci, originaires de Corse, eurent pour chef Jérôme, frère du Martin dont sortent les trois branches actuelles des Baciocchi. Ils habitèrent tout d'abord Chiavari et Ajaccio, vinrent ensuite à Gênes et à Gavi et se fixèrent enfin à Alexandrie au XVIIIe siècle, où on retrouve encore leur descendance par alliance.

Parmi les membres distingués de ce rameau, il faut citer pour l'époque où ils habitaient Gênes, Jean-Baptiste, fils unique de l' « illustrissime seigneur » capitaine ajaccien Jules et de Lucrèce Colonna Ornano.

Né à Gênes, le 12 mars 1676 [1], il épousa Marie-Hyacinthe Gatti, fille d'Ange Benoît de Gênes Entré au service de la République Ligurienne dans les premières années de sa jeunesse, il fut fait ca-

1. D'après les registres de la paroisse de Saint-Marc de Gênes.

pitaine, passa à la compagnie de sa famille, devint major de la place de Gênes [1] puis colonel et servit avec distinction son pays dans les guerres d'Italie. Il mourut commandant du château de Gavi [2] en 1746, après avoir commandé la place de Savone... « Dans toutes les susdites charges et offices, il a toujours donné des preuves éclatantes de son expérience militaire, ainsi que cela résulte des registres et écritures de notre chancellerie [3]. »

Il laissa douze enfants parmi lesquels :

1° Jules Benoît, lieutenant aux chevau-légers de Vaumade au service de France, qui épousa en Belgique Thérèse de Bastien.

2° Ange Benoît, cadet de tous, né à Gênes le 12 octobre 1717, qui le premier s'établit à Alexandrie et fut naturalisé sarde en 1748 [4]. Il épousa le 30 novembre 1754, magnifique Victoire Tedeschi (registres de l'église cathédrale d'Alexandrie).

Désireux de se fixer en Sardaigne et d'y occuper

1. Comme cela résulte des actes du notaire di Borgo de l'année 1741.

2. Le fort de Gavi, position de tout temps très prisée par le génie militaire, est situé sur la crête d'une montagne escarpée, à la réunion de trois vallées. Il défend Gênes du côté du Piémont et en est la clef.

3. Attestation délivrée par le magistrat de la guerre pour la Sérénissime République de Gênes, à ses descendants, attestation consignée dans la généalogie manuscrite, conservée à Ajaccio.

4. Par décret de Charles-Emmanuel du 12 janvier de cette année-là (1748), enregistré à la Chambre des comptes, par un décret du 25 du même mois.

le rang auquel il pouvait prétendre par la qualité
de ses ancêtres, il fit des démarches pour obtenir
le patriciat. A l'appui de celles-ci, il produisit la
pièce suivante :

Anciens de la ville d'Ajaccio, royaume de Corse.

De par la République Sérénissime de Gênes.

En vertu de nos présentes lettres qui seront par
nous, signées et munies du sceau public de notre
charge et signées également par le chancelier de
la ville, nous certifions et faisons savoir à qui-
conque, que feu l'illustrissime seigneur colonel
Jean-Baptiste Baciocchi, fils de feu le magnifique
seigneur Jules, originaire de cette ville, a toujours
été du premier ordre noble civique de cette ville,
comme l'étaient ses ancêtres, et que de même ses
fils, dans le cas où ils viendraient à faire retour
dans cette ville, où ils possèdent toujours leur
maison seigneuriale, ci-devant habitée et tenue en
location par les magnifiques et excellentissimes
seigneurs commissaires généraux pour la sérénissime République de Gênes et actuellement habitée
par le magnifique seigneur commissaire président
en cette ville, seraient considérés du premier ordre
noble civique de ladite ville et seraient en consé-

quence admis à toutes les principales charges et
magistratures d'icelle, telles que d'Anciens, de
Capitaine de justice et autres, que l'on a l'habitude
de conférer aux citoyens du premier ordre admis
au gouvernement de la ville.

Et en témoignage de vérité nous avons signé.
Ajaccio, le 5 avril 1762.

> Nicolo Baciocchi, Filippo Antonio.
> Giuseppe Peraldi, Augusto Francesco,
> Giuseppe Bonaparte, Giuseppe Speturno,
> *Anziani.*

Je soussigné notaire chancelier de l'illustrissime
ville d'Ajaccio, certifie et atteste l'authenticité des
signatures ci-dessus.

> Lorenzo Pozzo di Borgo,
> Notaire de l'illustrissime ville d'Ajaccio.

———

Le 17 juin 1764, après avoir fait ainsi ses
preuves de noblesse, il obtenait personnelle-
ment de Victor-Amédée, roi de Sardaigne,

par décret signé à Turin, la baronnie de Montale et Celli [1].

Ange Benoît eut trois fils, et mourut le 28 juillet 1791, à Alexandrie.

Son troisième fils fut Jules Baciocchi Montale, — la généalogie d'Ajaccio dont nous avons souvent parlé, lui donne les prénoms de Jean-Baptiste-Joseph-Antoine, — en tous cas né le 21 mai 1760, maire d'Alexandrie dès 1805, puis président du conseil général de son département (le Marengo); candidat au Sénat conservateur de l'Empire, parfois aussi correspondant d'Elisa.

Le décret par lequel Napoléon l'anoblit, contresigné par Cambacérès, est daté de Saint-Cloud, 23 juin 1810. Il lui désigne pour armes : tiercé en pâle d'azur à la colonne ionique d'argent, de gueules à la muraille crénelée d'argent, de trois pièces mouvant de la pointe, et d'argent au pin de sable fruité d'or issant d'une flamme de gueules, le tout soutenu d'une champagne de gueules du tiers de l'écu ou sigille des cheva-

1. L'original avec le sceau est conservé aujourd'hui chez son arrière-petit-fils, M. le comte Louis de Gropello Farino à Alexandrie.

liers ; pour livrée les couleurs de l'écu, le vert
en bordure seulement. — Comme on le voit,
les anciennes armoiries d'avant la Révolution
sont ingénieusement mariées aux nouvelles.

Jules Baciocchi laissa une fille unique, qui
épousa le comte Gropello, son concitoyen.

Nota : D'après les archives de la famille
Gropello et les pièces originales, le livre généalogique manuscrit appartenant à cette
branche, porte le titre suivant : « Description
généalogique de la famille Baciocchi de la ville
d'Ajaccio, dans le royaume de Corse, avec la
branche aujourd'hui existante dans la ville de
Gênes et dans la ville d'Alexandrie ; extrait du
livre de M. Jean-Baptiste Baciocchi, fils de feu
le capitaine Nicolo, commissaire de la Junte
royale du district de la Mezzana, copié par
M. Hippolyte-Gaspard, Jean-Baptiste Baciocchi,
fils de feu le capitaine Jules Benoit, l'an 1779,
le 20 septembre. »

Le Jean-Baptiste ici désigné, est le lieutenant d'Ajaccio, mort en 1813, dont il a été
parlé. Hippolyte-G.-Baptiste doit être un frère
de Jules Baciocchi Montale. Qu'on n'oublie pas

qu'à cette époque (xviiiᵉ siècle) rien n'est plus fréquent que l'erreur des copistes ou écrivains d'occasion pour les prénoms. — Une note placée sur le manuscrit généalogique original, due à son auteur, J.-Baptiste, confirme l'authenticité de la copie. Il consigne en effet ceci sur lui en 1780 : « J'ai donné copie du présent livre à M. Hippolyte-Gaspard-J.-Bap., fils de feu le capitaine Jules de Baciocchi, pour le porter avec lui à Gavi, avec la promesse d'en donner copie à M. Ange-Benoît de Baciocchi, baron de Montale et Celli, qui habite la ville d'Alexandrie, dans les Etats de S. M. le roi de Sardaigne. »

Au prince de Lucques.

Altesse Sérénissime,

Le collège électoral du département de Marengo vient pour la seconde fois de me nommer candidat au Sénat. Cette présentation, qui m'honore infiniment, ne peut avoir aucun heureux succès sans le puissant appui de S. A. I. la princesse Elisa et celui de V. A.

Par ce courrier, j'ai avancé une respectueuse demande à l'illustre princesse Elisa en réclamant sa protection dans cette intéressante circonstance ; j'ose en faire autant vis-à-vis de vous, mon Prince, pour que vous vous intéressiez pour moi près de vos collègues, les sénateurs à Paris, spécialement près le prince de Bénévent, vice-grand-électeur.

C'est le moment le plus précieux, ou la protection de V. A. peut décider en ma faveur l'événement le plus marquant et utile de ma vie et qui sera un éternel monument de l'intérêt général qu'elle aura bien voulu prendre à mon avancement et à l'avantage de ma famille, je ne puis donc avoir un plus noble et juste motif de vous supplier à me l'accorder.

La parfaite connaissance du cœur bienveillant de V. A. S⁰ fait espérer que vous voudrez bien me continuer dans cette occasion l'honneur de votre puissant appui, ce qui commandera pour toute ma vie une reconnaissance sans bornes, qui sera à jamais jointe au profond respect, et au parfait dévouement avec lesquels j'ai l'honneur d'être, de V. A. Sᵉ le très humble, etc., etc.

Jules Baciocchi,

Maire d'Alexandrie.

Alexandrie, ce 5 mars 1808.

(Arch. Lucq., secrétairerie d'État et de cabinet, extrait du vol. CCII.)

24

VI

Les Baciocchi dans l'armée française.

A

République française.

Ministère de la guerre. Archives administrativ .s.

Etats de services.

Baciocchi Adorno (Joseph-Antoine), fils de Nicolas et de Anne-Rose Gozzi, né le 5 janvier 1749, à Ajaccio (Corse.)

Marié le 6 novembre 1804, à Silvie-Aloïse-Marguerite de Merles de Beauchamp.

Enscigne au régiment Royal
Corse (infanterie), le . . . . 20 juillet 1761

Sous-lieutenant au régiment Royal Italien, le	mars 1763
Passé au régiment Royal Corse (infanterie), le	15 novembre 1765
Lieutenant, le	30 avril 1768
Capitaine, le	31 mars 1774
Capitaine en 2ᵉ, le	7 juin 1776
Capitaine commandant, le . .	12 mai 1780
Major au bataillon des chasseurs Royaux Corses, le. . .	1ᵉʳ mai 1788
Lieutenant-colonel, le	25 juillet 1791
A quitté, le.	11 octobre 1792
Commandant d'armes du fort Lamalgue, le.	2 octobre 1802
Commandant d'armes à Avignon, le	7 juillet 1803
Sous-inspecteur aux revues de 3ᵉ classe, employé dans la 8ᵉ division militaire, le . . .	19 octobre 1804
Employé au 8ᵉ corps de la Grande-Armée, le	4 novembre 1806
Employé près la 3ᵉ division de cuirassiers, le	24 septembre 1807
Sous-inspecteur aux revues de 2ᵉ classe, le	4 juillet 1810
Employé dans la 9ᵉ division militaire à Montpellier, le. .	22 juillet 1810
Inspecteur aux revues honoraire, le	31 janvier 1816

Retraité pour ancienneté de
service, par ordonnance du   31 mai 1816
Décédé le . . . .   5 avril 1836

Campagnes.

1792, armée d'Italie; 1806 et 1807, Grande-Armée; 1809, armée d'Allemagne.

Décorations.

Chevalier de Saint-Louis, le 4 mai 1788; membre de la Légion d'honneur, le 23 juin 1810.

Titres.

Créé baron, le 12 février 1817.

Services en émigration.

A fait la campagne de 1793 au siège de Toulon; celle de 1794, en Espagne; et 1797 à 1801, à l'armée de Condé.

(Communiqué en 1895.)

Au prince Félix.

Grieswald, le 17 mars 1807. Poméranie suédoise.

ᴀ*Altesse Sérénissime,*

Depuis longtemps je me proposais d'avoir l'honneur d'écrire à V. A., mais j'étais si excédé de travail qu'il fallait prendre sur mon sommeil pour pouvoir écrire à ma femme, car j'étais le seul sous-inspecteur à ce 8ᵉ corps depuis le 3 janvier que je l'avais rejoint et où il y avait tout à faire. Au moment que je me trouvais à peu près au courant, et lorsque j'avais le moins besoin d'aide, il en est arrivé, non un seul que je demandais, mais deux sous-inspecteurs aux revues, l'un envoyé par le Prince ministre de la guerre, du grand quartier général de Varsovie, et l'autre de Leipsick de M. Villemanzé, inspecteur en chef. Je pense qu'on donnera à ce dernier une autre destination ; quant à moi, je crois rester puisque c'est S. M. l'Empereur lui-même, qui m'y a envoyé de Posen, en Pologne, où j'avais rejoint, le 11 décembre dernier, le grand quartier général impérial.

S. M. l'Empereur et Roi a eu l'extrême complaisance de m'accorder près d'une demi-heure d'audience, malgré ses affaires multipliées, dans laquelle il m'a traité avec une excessive bonté et aménité. Aussi je m'en souviendrai toute ma vie.

S. M. a été surprise que mon frère l'abbé [1] et moi ne fussions pas placés à Lucques. J'ai eu l'honneur de lui répondre que je croyais que dans vos Etats il n'y avait que l'archevêché de Lucques, à moins que Massa Carrara et la Garfagnana n'offrent un évêché ; quant à moi n'étant pas riche et ayant femme et bientôt deux enfants, j'avais besoin d'un emploi lucratif pour me faire subsister, que je pensais qu'il n'y en avait pas à Lucques puisque V. A. n'avait pas eu la bonté de m'en offrir.

Ma femme m'a mandé l'intérêt que V. A. prend toujours à mon frère l'abbé, je l'en remercie ; mais il paraît que la commune d'Avignon ne veut pas se décider à payer au proviseur du lycée le tarif que le gouvernement a établi ; elle a au contraire délibéré la négative. Cette ville fait tant de folles dépenses que, si elle les retranchait, elle pourrait de reste remplir les engagements qu'elle a pris vis-à-vis le gouvernement.

Notre corps d'armée est devant Stralsund et bloque cette ville. Comme V. A. sait, depuis le 28 du mois de janvier n'ayant pas de grosse artillerie pour en faire le siège, la garnison suédoise se

---

1. De ses prénoms, Jules-François, dernier prieur de l'abbaye de Loreto en Corse.

borne à faire des sorties de temps à autre, mais elle est toujours repoussée avec perte, comme vous pouvez apprendre par les papiers publics.

Je vous prie de présenter à S. A. I. la princesse Elisa, mes tendres et respectueux hommages ainsi qu'à la jeune princesse.

Recevez, etc...

J. A. (Joseph-Antoine) Baciocchi,

Sous-inspecteur aux revues,
employé près le 8ᵉ corps de la Grande-Armée,
à Grieswald (Poméranie suédoise).

(Arch. Lucq., secrétairerie d'État, extrait du registre 202.)

B

République française.

Ministère de la guerre. — Archives administratives.

États de services.

Baciocchi (Jean-André), fils de Jules-Étienne et de Madeleine, né le 19 juin 1770, à Ajaccio (Corse).

Sous-lieutenant au régiment
Royal Corse (infanterie), le   21 juillet 1787

Passé au bataillon des chas-
seurs Royaux Corses, le. . . 14 mai 1788

Lieutenant au 5e régiment d'in-
fanterie, le. . . . . 15 septembre 1791

Capitaine à la 105e demi-brigade d'infanterie de ligne,
le. . . . . 9 mars 1793

Mis à la suite de la 45e demi-
brigade d'infanterie de ligne,
le. . . . . 24 avril 1797

Capitaine titulaire, le . . . . . 13 août 1798

Attaché provisoirement à l'état-
major de la 17e division mi-
litaire, le. . . . . 3 mars 1800

Chef de bataillon, le . . . . . . 28 mars 1800

Employé à l'état-major du corps
d'observation du Midi, le . . 30 novembre 1800

Employé en Toscane, le. . . . 22 mars 1801

Commandant d'armes à Pise,
le. . . . . 22 décembre 1802

Mis à la disposition du général commandant les troupes
françaises dans la Répu-
blique italienne, le. . . . . . 3 mars 1803

Retraité pour infirmités, le . . 31 mai 1810

Campagnes.

1792 et 1793, armée du Nord ; 1794 et 1795, armée

de Sambre-et-Meuse; 1796, 1797, 1798, 1799, armée d'Italie.

(Communiqué en 1895.)

ARMÉE D'OBSERVATION DU MIDI

Place de Pistoia.

Pistoia, le 7 messidor an IXe républicain (26 juin 1801).

Baciocchi, chef de bataillon adjoint à l'état-major général, commandant d'armes faisant fonctions de commissaire des guerres, au général de division Watrin, commandant la division de Toscane et de réserve.

CITOYEN GÉNÉRAL,

Conformément aux ordres du général en chef, je me suis rendu à Pistoia, pour y commander la place et arrondissement, dès aujourd'hui j'ai commencé mes fonctions et j'attends, citoyen général, que vous m'honoriez de vos ordres.

BACIOCCHI [1].

1. Cette pièce, passée dans le commerce, fut cataloguée par erreur dans une vente d'autographes Et. Charavay, en ces dernières années, comme étant de la main du prince Félix. Elle émane du précédent, Jean-André Baciocchi.

Florence, le 13 mai 1806.

*A Monseigneur le Ministre des Relations extérieures,
Paris.*

MONSEIGNEUR,

A mon passage à Lucques, S. A. I. Mme la princesse m'a recommandé particulièrement M. le lieutenant-colonel Baciocchi, parent de S. A. S. le
prince de Lucques et Piombino. Il m'a demandé
(cet officier était alors à Florence) la permission de
solliciter des bontés de Votre Excellence la faveur
d'être simplement attaché à la Légation de France
en Espagne (Beauharnais venait d'être nommé
ambassadeur à Madrid), ne désirant qu'une autorisation du ministre de la Guerre, pour conserver et
jouir en Espagne de ses appointements, toutefois
après avoir obtenu l'assentiment de Votre Excellence. M. Baciocchi doit avoir l'honneur de vous
écrire, Monseigneur, à ce sujet. — Suit une phrase
appuyant la demande.

Signé : DE BEAUHARNAIS [1].

1. Aff. Étr. 158ᵃ, 193.

Note complémentaire sur la filiation des trois branches Baciocchi, dont il existe encore aujourd'hui des représentants à Florence, à Ajaccio, Avignon et Saumur.

Joseph-Antoine Baciocchi du xvii⁰ siècle (voyez page 58), chef originaire des trois branches en question, avait eu trois fils qui enfantent celles-ci :

1° Jules-Étienne, qui a été le grand-père du prince de Lucques et de Joseph-Antoine (lui-même grand-père du comte Félix Baciocchi, premier chambellan de Napoléon III).

Celle-ci, la branche aînée, est représentée maintenant (1894) par les enfants d'une fille du comte Baciocchi — la comtesse del Turco — dont le fils aîné a pris le titre et le nom de son grand-père, le comte Félix Baciocchi. Ils habitent Florence.

2° Nicolo — père du grand-père de M. André Baciocchi, actuellement à Ajaccio, et du grand-père des Baciocchi habitant aujourd'hui Avignon, cousin du précité — a laissé quatre enfants, à savoir :

Jean-Baptiste, l'auteur de la généalogie ;

Jules-François, le dernier abbé de Loreto ;

Joseph-Antoine, le colonel-inspecteur aux revues,

dont nous avons longuement parlé, et dont la descendance vit à Avignon ;

Et Jean-André-Louis, maire d'Ajaccio en 1815 (descendance à Ajaccio).

3° Jean-André (le colonel fixé à Florence), qui fut le père d'Étienne, lequel eut :

Ignace, Joseph-André et Camille.

Joseph (ou Jean-André) est le colonel qui épousa Thérèse Pucci de Florence, d'une très noble et très riche famille. Mis en vue par ce mariage, il devint chambellan du grand-duc de Toscane sous la Restauration. Le colonel Baciocchi mourut sans enfants et laissa sa fortune, qui était considérable du côté de sa femme, à son frère Ignace (né le 14 août 1765), grand-père du marquis actuel, Jean, né en 1840 et résidant à Florence.

Ce Joseph-André se serait marié en 1802.

Quant à Ignace, il a eu un fils, Félix-André, né le 2 août 1800, inscrit au livre d'or de Florence, reconnu noble génois et corse avec le titre de marquis par décret du grand-duc Léopold II, en date du 6 juillet 1832 ; — marié en premières noces avec une Péraldi de Corse, il épousa en secondes Audrea de Cepperello.

Camille fut-capitaine au bataillon Félix à Piombino. (*Almanacco di Corte per l'anno* 1809, petit in-18, Lucca, 1809, p. 126.)

Camille (ou le colonel Joseph-André) est aussi l'ascendant d'un Jules Baciocchi qui se maria à Rennes de nos jours et fut attaché à la princesse Camerata lorsque celle-ci habitait la Bretagne. Jules a laissé un fils, ex-élève à l'école de cavalerie de Saumur, maréchal des logis chef au 13ᵉ hussards, tenant garnison à Dinan (1895) et propre neveu du comte Félix, l'ancien chambellan.

VI

Extrait de baptême de **Félix Baciocchi**.

18 mai 1762.

VILLE D'AJACCIO

Archives.

Série E. — Nᵒ 2.

Io Martino Muselli, arcip*ᵗᵉ*, ho bat*ᵗᵒ* Felice de Mag° Fran*ᶜᵒ* Baciocchi q*ᵐᵒ* Mag*ᶜᵒ* Giulio Stephano, e

25

della Mag^{ca} Flaminia moglie, nato oggi P. Pⁿⁱ Il M^{co}
R^{do} Sig^r Can^{co} Giacomo

PHILIPPO COSTA,
e la sig^{ra} PAOLA FRANC^{ca} BENIELLI.

Extrait conforme à l'original.

Ajaccio, le 4 juin 1892.

Pour le maire empêché,

L'adjoint,

P. PETIETO.

Vu par nous,

PRÉSIDENT DU TRIBUNAL D'AJACCIO,

Pour la légalisation de la signature de M. P. PETIETO, adjoint
au maire de la ville d'Ajaccio.

Ajaccio, le 8 juin 1892.

Le président empêché,

Le Juge.

(Signature illisible.)

VII

États de services de Bacciochi (Félix),

Prince de Lucques et de Piombino.

Né le 18 mai 1762, à Ajaccio (Corse), marié le 1ᵉʳ mai 1797
à la princesse Elisa.

Sous-lieutenant au régiment Royal Corse, le. . .	29 novembre 1778
Lieutenant, le	29 juillet 1787
Capitaine au 3ᵉ bataillon d'infanterie légère, le. .	16 avril 1793
Destitué et remplacé, le 10 mars 1794.	20 ventôse an II
Chef de bataillon commandant la citadelle d'Ajaccio, le 11 juillet 1797. . .	23 messidor an V
Passé au commandement du fort. Saint-Nicolas à Marseille, le 25 août 1798.	8 fructidor an VI
Adjudant général (employé dans la 8ᵉ division militaire), le 20 juillet 1799. .	2 thermidor an VII

Passé dans la 17ᵉ division
  (Paris), 6 décembre 1799.   15 frimaire an VIII
Employé à l'armée du Rhin,
  le 23 janvier 1800. . . .   3 pluviôse an VIII
Employé dans la 1ʳᵒ divi-
  sion militaire, le 23 sep-
  tembre 1802. . . . . . .   1ᵉʳ vendémiaire an XI
Général de brigade, le. . .   11 novembre 1804
Sénateur, le . . . .   8 nivôse an XIII
Général de division, le. . .   3 mars 1809
Commandant les troupes dans les départements de
  la Toscane.

Mort, le. . . . .   28 avril 1841

Campagnes, ans VIII et IX, armée du Rhin.

Décorations : membre de la
  Légion d'honneur, le . .   19 frimaire an XII
    Officier, le . . . . . .   25 prairial
    Grand Aigle, le . . . .   15 ventôse an XIII[1]

1. Communiqué par les archives de la guerre.

VIII

Acte de mariage [12 floréal an V] (1er mai 1797).

VILLE DE MARSEILLE.

Extrait des registres de l'état civil.

L'an V de la République française une et indivisible, le 12 floréal à sept heures cinq décimes, Nous, officier public de la Municipalité du Midi, canton de Marseille, après lecture de la publication de promesse de mariage faite conformément à la loi du 10 du présent mois, sans qu'il nous soit parvenu aucun empêchement ni opposition, ainsi que des deux actes de notoriété en date du huit de ce présent mois, reçus par le citoyen Mathieu Blanc, juge de paix du quatrième arrondissement, canton de Marseille, lesquels constatent l'un l'état civil du futur époux, et l'autre également l'état civil de la future épouse, de même que le décès de Charles Buonaparte, père de cette dernière, mort depuis environ douze ans, dans la commune de Montpellier, département de l'Hérault, et ensuite de la déclaration faite par chacune des parties ici pré-

25.

sentes, de se prendre en mariage, assistées des
témoins ci-après nommés. Avons prononcé au nom
de la loi que le citoyen *Félix Baciocchi*, propriétaire, âgé de vingt-neuf ans[1], fils de défunt François *Baciocchi*, aussi propriétaire et Flaminia
Benielli, mariés, domiciliés en la commune d'A-
jaccio, dans le département de la Corse ; natif de la
même commune résidant à Marseille depuis six
mois, y domicilié, rue Lafont, île soixante-deux,
maison dix-sept, section cinq, d'une part ; et la
citoyenne *Marianne Buonaparte*, âgée de dix-neuf
ans, fille de feu *Charles Buonaparte*, propriétaire,
et de *Letizia Ramolino*, survivante, aussi mariés ;
cette dernière, ici présente et consentante, native
de la susdite commune d'Ajaccio, résidant à Marseille depuis trois ans, y domiciliée avec sa mère,
même maison que dessus, d'autre part, sont unis
en mariage. Pour le constater nous avons dressé
le présent acte, fait et publié dans une des salles de
cette administration, en présence des citoyens :
Pierre Faure, secrétaire du commissaire de guerre
Buonaparte, demeurant rue vis-à-vis les ci-devant
Capucins, île quatre cent soixante-trois, maison
cinq ; Pierre-Dominique Salvini, secrétaire général
du département de la Corse, lors de la capitulation

---

1. L'âge consigné ici est manifestement une erreur de
greffier, comme il s'en commettait alors beaucoup dans les
actes — puisque Félix était né en 1762.

de la place de Bastia avec les Anglais, réfugiés en
cette commune, demeurant dans le domaine na-
tional des ci-devant frères Ignorantins; Joseph
Elzéard Ardisson, propriétaire, demeurant rue de
la Canebière, île cent quarante-sept, maison douze;
et Joseph Massoni, aide de camp, demeurant rue
de la Palud, île cinquante-quatre, maison treize;
témoins majeurs, requis par les époux, qui nous
ont déclaré les connaître, certifié leur état libre, et
domicile, signé avec les époux, la mère de l'épouse
et nous.

(*Signé*) : Félix Bacioccui, Marianne Buo-
naparte, Ramolino Buonaparte, Pierre
Faure, Elzéard-Joseph Ardisson, Massoni,
Salvini, Caillomb, officier public.

Collationné, le 23 novembre 1893.

Cachet de la mairie.

Pour le maire de Marseille.

L'adjoint délégué,
Bérard.

Cachet du tribunal de première instance.

Vu pour la légalisation de la signature, de M. Bérard, adjoint,
par nous Hubac, juge, en empêchement de M. le Président.

Marseille, 24 novembre 1893.

L. Hubac.

IX

Le château de Mombello.

Sur la petite ligne du chemin de fer de Milan à Erba, au milieu des riches plaines du Milanais, bordées au nord par les montagnes de Côme, est située, à environ trois lieues de Milan, la station de Bovisio-Mombello. Mombello n'est qu'un hameau dépendant de Bovisio, gros village placé sur la route de Milan à Côme, route dont le style seul fait de suite reconnaître la main française du début de ce siècle, avec son tracé bien droit, ses fortes assises, et sa bordure de bornes en granit, pressées les unes contre les autres. Trois kilomètres séparent Bovisio de Mombello et la commune la plus proche de ce dernier endroit est Limbiate, dont pourtant Mombello ne dépend pas, puisqu'il se rattache plutôt à Bovisio.

De la station du chemin de fer, malgré les guérets couverts d'ormes comme un jardin, presque comme une forêt, et entremêlés de vignes et de maïs, dont la culture se fait en grand, l'œil aperçoit, à travers la limpidité azurée du ciel d'Italie, sur

une éminence à quelque distance, un grand bâti-
timent carré adossé à des bois taillis et dévelop-
pant sa façade de douze fenêtres au midi. Une
terrasse circulaire élevée sur des souterrains l'en-
veloppe de ce côté. Un bouquet d'arbres cente-
naires le flanque à l'ouest et fait ressortir ses teintes
blanches. C'est ce qui subsiste d'un jardin anglais
rempli de magnolias magnifiques et où se voyait
un petit lac, jardin de plain-pied avec l'aile du
nord-ouest, où se trouvait l'appartement du général. La chambre de ce dernier, d'ailleurs, avait
été placée à l'étage au-dessus dans cette direction
et ses fenêtres plongeaient vers Milan. Une inscription de marbre blanc, dans le couloir la pré-
cédant, porte ceci :

Ici logea, du 6 mai au 18 novembre 1797,
le général Bonaparte.

Deux ailes formant tours et dépassant la partie
centrale du toit italien à grosses tuiles rouges,
rompent un peu la monotonie des lignes ; un
vaste jardin fruitier et potager l'entoure sans or-
nement ; les anciens murs de ce parc existent toujours. Une ferme, bâtiment bas et régulier, faisant
presque face à l'entrée de l'ancien parc, a conservé
encore aujourd'hui le nom de *cascina quartiere* ;
c'est là où logeaient, en mai 1797, les 300 légion-

naires polonais servant de garde à Bonaparte, dès
son arrivée à Mombello[1].

En somme, en 1894, le château de Mombello a
perdu sa pittoresque physionomie de la fin du
dernier siècle. Son parc carré et immense a été
dépouillé des ombrages qui l'embellissaient, de
même sa terrasse, qui avait alors des charmilles
basses percées d'ouvertures[2] ; disparue aussi la
belle allée longue de 3 kilomètres qui partait du bas
de ladite, vers Bovisio jusqu'à la route de Milan,
allée par où arrivaient sans cesse, en 1797, les
carrosses et les berlines d'illustres voyageurs. Seul
son tracé marqué par des haies ou des rangées de
petits arbres se distingue encore, mais les plantes
utiles et l'herbe poussent sur son sol.

Le château, au XVIII\u1d49 siècle, était la propriété des
marquis Crivelli de Milan. Sa construction, ses
ornements intérieurs remontaient à l'époque
Louis XV, et de ce dernier style il ne reste aujourd'hui que quelques encadrements de plafonds,
que de rares fresques mythologiques, qu'une
rampe d'escalier assez lourde et baroque. Mais la
chapelle, qui date exactement de 1744, a conservé

1. *Il Corriere Milanese* du 18 mai 1797. — N° 40. (Bibliot.
Nat. de Bréra à Milan.)
2. Voir dans l'une des pièces du château au rez-de-chaus-
sée — la seule d'ailleurs qui ait conservé une glace très
belle de l'époque du Directoire, et quelques ornements —
un paravent peint vraisemblablement vers 1814 où figure le
château de Mombello avec son aspect ancien.

sa décoration intacte. Elle est dédiée à Saint-François; sa consécration fut faite cette année-là par le cardinal Puteobonello, comme le porte une inscription de marbre blanc placée dans l'une de ses tribunes. Cette chapelle nous intéresse, puisque c'est sous son dôme (elle a, en effet, cette forme) qu'eut lieu le double mariage d'Elise et de Pauline avec Baciocchi et Leclerc. Un tableau d'autel représente la Vierge avec saint Nicolas et saint Jean.

L'intérieur du château est spacieux et bien disposé pour le logement d'une nombreuse famille et de ses serviteurs. Les écuries étaient au nord et sont aujourd'hui transformées en ateliers. Depuis 1863, le château, acheté par la province de Milan, renferme un hospice d'aliénés très important [1]. On y a construit mainte annexe et sa nouvelle destination n'a pas peu contribué à le dénaturer. Plus de vaste orangerie, plus de jardins de luxe, plus de jets d'eaux et de rochers, plus de rocailles ni de statues; supprimé aussi le large perron à double allée montante et descendante pour les voitures.

Mais la vue panoramique qu'on découvre de ses fenêtres embrasse un horizon étendu, coupé par les campaniles élégants des villages lombards, et les ombrages des célèbres parcs de Monza et de la

---

1. Nous remercions ici M. le Dr Riggi Gerolamo, attaché à l'établissement. Nous lui devons la visite détaillée du château et plusieurs traditions.

villa Traversi. Quand le temps est clair, on aperçoit vaguement le dòme de Milan. L'air qu'on
respire sur cette éminence est des plus vivifiants;
le séjour en 1797 devait en être charmant.

X

Libertà — Eguaglianza

(Texte original.)

Contrat de mariage d'Élisa Bonaparte

Signé à Milan, le 18 prairial an V (6 juin 1797).

In nome della Republica Francese una ed indivi-
sibile.

Essendosi effettuato il matrimonio fra la cittadina *Elisa Marianna Bonaparte* fig^a del sig^r cittadino *Carlo*, ed il cittadino *Felice Baciocchi*, Capo
Battaglione fig° del sig^r cittadino *Francesco* senza
che risulti della di lei dote e però desiderando le
parti interessate che di questa ne consti sono le
medesime venute alla presente scrittura, quale
doverà aver forza di pub° instr° in virtú della

quale..... Gl' infras^{ti} cittadini *Giuseppe*, ministro plenipotenziario della Republica Francese a Roma, *Napoleone*, generale in capo dell' armata Francese in Italia, e Luigi, capitano degli usseri ed ajutante di campo del generale in capo, tutti fratelli Bonaparte figli del d° sig^r cittadino Carlo, hanno promesso e promettono di dare al d° cittadino Felice Baciocchi, marito di detta cittadina Elisa-Marianna Bonaparte di lui moglie e risp^{vo} di loro sorella, in una parte la somma di lire trenta cinque mille tornesi, ed in altra parte di rilasciare come fin d'ora rilasciano in piena proprietà con tutte le clausole traslative di dominio e possesso, le terre situate a Campoloro, territorio d'Ajaccio, dipartimento di Liamone sotto la denominazione della *Torre Vecchia*; le vignole dette *del Vitullo*; le terre e vignole dette di *Maria Stella* e tutto ciò per dote della detta cittadina Elisa-Marianna Bonaparte di loro sorella, ed in tacitazione di quanto la medesima potrebbe pretendere verso le sostanze, e diritti si paterni che materni a titolo di sua dotazione ed anche collaterali.

Attesa la quale promessa, e rispetivo rilascio il prefato cittadino Felice Baciocchi, marito dell' anzidetta cittadina Elisa-Marianna Bonaparte ha protestato e protesta ed ha confessato e confessa d'aver avuto e con effetto ricevuto dalli detti cittadini fratelli Bonaparte prima della presente scrittura le sudd^e lire trenta cinque mille tornesi; non

26

che ha accettato, ed accetta li sovra nominati beni in tacitaz⁰ e per pieno e compito pagamento, ed intiera sodisfazione della dote di detta cittadina Elisa-Marianna Bonaparte di lui moglie come sopra promessagli.

Alla qual dote il prefatto cittadino Felice Baciocchi a contemplazione delle seguite nozze ha acresciuto, ed acresce il terzo della medesima dote, il qual terzo doverà sortire il privilegio di vera dote...

Tenendo poi il caso (che Dio non voglia) di doversi restituire o d'assicurare la surifferita dote, il predetto cittadino Felice Baciocchi ha promesso, e promette, sott' obligo di se, e de suoi beni presenti e futuri di dare, e pagare, o che li suoi eredi, e successori daranno, e pagheranno alla detta cittadina Elisa-Marianna Bonaparte, o a suoi successori in una parte le sud° lire trenta cinque mille tornesi, ed in altra parte rilascerà, e restituirà, o rilasceranno, e restituiranno tutti li suddetti beni come sopra assegnati in dote, e finalmente darà, e pagherà, o daranno, e pagheranno il sud° terzo della stessa dote come sopra acresciuto in aumento della medesima intendendo e dichiarando di farne anche di detto terzo quel pagamento, che sarà di ragione a tenore delle Leggi di Parigi, alle quali intendono le parti di referirsi anche raporto ai (mot illisible) dotali.....

Attesa poi la suriferita dote la prefatta cittadina

Elisa Marianna Bonaparte col consenso del d° ed infra^{tto} cittadino Felice Baciocchi di lui marito ha rinonciato, e rinoncia alli predetti cittadini suoi fratelli Bonaparte qui presenti, ed accettanti ogni e qualunque ragione alla medesima competente da oggi retro sulle sostanze, e diritti sì paterni che materni ed anche colaterali dichiarandosi congruamente dotata, e saranno soltanto riservate a favore della medesima le sue ragioni per il caso futuro e seconda de casi che potranno avenire...

Lo che tutto è stato approvato anche dalla cittadina Maria Lætitia vedova Bonaparte commun madre...

La presente doverà in qualunque tempo ridursi a pub° istromento ad ogni richiesta delle parti, e frattanto doverà rimanere presso l'infra^{tto} not°, con facoltà di darne copia alle parti interessate...

Tanto promettono le sudd^e — ed infras^{to} Parti d'imancabilmente osservare ed eseguire sott' obligo dette loro risp^{ve} persone, e beni rimossa ogni eccezione e per fede...

Firmati :

> FELIX BACIOCCHI,
> J. BONAPARTE, minist° plenip°,
> BONAPARTE, generale in capo,
> RAMOLINO BONAPARTE,
> ELISA MARIANNA BACIOCCHI,
> LUIGI BONAPARTE, aiutante maggiore.

Milano, li 18 pratile, anno V della Republica Francese...

La presente è stata a me consegnata per registrarla ne miei protocolli con facoltà di darne copia alle parti interessate ; e p. fede...

Jos. Carlo Bonifacio Reina, not°, coll° di Mil°.

Cosi originalmente esiste nelle mie abreviature, e per fede, Milano, li dieci sette decembre mille otto cento sedici.

Carlo Bonif° Reyna not. di Mil° fig° del fu Giacomo Antonio pure not. di Milano abit. contrada di Santa Radegonda al civ° n° 991.

(Ici signature du notaire.)[1]

Traduction.

CONTRAT DE MARIAGE D'ÉLISA BACIOCCHI

(6 juin 1797).

Liberté — Egalité

Au nom de la République française une et indivisible.

Le mariage entre la citoyenne Elisa Marianne

---

1. En 1811, ce même tabellion exerçait encore à Milan, mais demeurait *Terragio di Porta Vercellina,* n° 2,755. (*Almanacco reale per l'anno MDCCCXI,* p. 460, gr. iu-8, della reale stamperia.)

Bonaparte, fille de feu le citoyen Charles, et le citoyen Félix Baciocchi, chef de bataillon, fils de feu le citoyen François, s'étant effectué sans qu'il en résulte de dot pour celle-ci et cependant les parties désirant, par intérêt pour les conjoints, s'employer à en constituer une, se sont mises d'accord par le présent acte qui devra avoir force de statut public...

En vertu de cet écrit,

Les ci-dessous citoyens, Joseph, ministre plénipotentiaire de la République française à Rome, Napoléon, général en chef de l'armée française en Italie, et Louis, capitaine de hussards et aide de camp du général en chef, tous frères Bonaparte, fils dudit feu citoyen Charles, ont promis et promettent de donner audit citoyen Félix Baciocchi, mari de ladite citoyenne Elisa Marianne Bonaparte sa femme et respectivement leur sœur.

En une part — la somme de trente-cinq mille livres tournois — et en autre part — de lui laisser, comme dès maintenant ils lui laissent, en pleine propriété avec toutes les clauses translatives de domaine et de possession, les terres situées à *Campoloro*, territoire d'Ajaccio, département du Liamone, sous la dénomination de *Torre Vecchia* — les vignes dites de *Vitullo*, les terres et vignes dites de *Maria Stella*, le tout représentant la dot de ladite citoyenne Elisa-Marianne Bonaparte, leur sœur, et annulant toutes les prétentions que la susdite personne pourrait élever, en raison de cette dot, sur les biens ou droits, tant paternels que maternels ou collatéraux.

En présence de cette promesse et de ce renoncement, le précité citoyen Félix Baciocchi, mari de la susdite Elisa-Marianne Bonaparte, a affirmé et affirme, avoué et avoue avoir eu et effectivement reçu desdits citoyens frères Bonaparte, avant le présent écrit, les susdites trente-cinq mille livres tournois, aussi bien qu'il a accepté et qu'il accepte les ci-dessus dénommés biens, en extinction et pour plein et complet payement et entière satis-faction de la dot de ladite citoyenne Elisa-Marianne Bonaparte, sa femme, comme il lui a été promis ci-dessus.

Le citoyen Félix Baciocchi, en considération de l'accomplissement du mariage, a, par surcroît, accru et accroît d'un tiers ladite dot effectuée, lequel tiers assumera le privilège de véritable dot.

Considérant ensuite le cas (ce qu'à Dieu ne plaise) où il aurait à restituer ou à garantir la dot précitée, ledit citoyen Félix Baciocchi a promis et promet en s'obligeant de sa personne et de ses biens présents et futurs de donner et payer ou que ses héritiers donneront et payeront à ladite citoyenne Elisa Bonaparte ou à ses héritiers — d'une part — les susdites trente-cinq mille livres tournois — et d'autre part qu'il lui laissera on restituera tous les susdits biens comme ci-dessus assignés en dot et finalement qu'il donnera et paiera ou qu'ils donneront ou payeront le susdit tiers de la susdite dot comme ci-dessus stipulé comme accroissement de cette dot, en déclarant aussi de faire de ce dit tiers tel paiement qu'il sera de raison selon les lois de Paris, auxquelles les parties entendent se référer ainsi qu'en ce qui concerne les dispositions dotales.

Étant ainsi entendue la susdite dot, la précitée citoyenne Élisa-Marianne Bonaparte avec le consentement dudit et soussigné citoyen Félix Baciocchi son mari, a renoncé et renonce — au bénéfice des précités citoyens ses frères Bonaparte, ici présents et acceptants — à toute et quelconque prétention ou recours rétrospectifs contre les sommes ou droits tant paternels que maternels ou collatéraux ; se déclarant dotée selon son gré et seront seulement réservées en faveur de cette dernière ses prérogatives d'avenir pouvant résulter d'événements accidentels.

Lequel tout a été approuvé aussi par la dame Lætizia Marie, veuve Bonaparte, leur commune mère.

La présente devra en n'importe quel temps servir d'instrument public à toute requête des parties, et entre temps devra rester près le soussigné notaire avec faculté d'en donner copie aux parties intéressées.

Les susdites parties soussignées promettent de même d'observer rigoureusement et d'exécuter

sous leur propre responsabilité et sous la garantie
de leurs biens, les clauses ci-dessus en écartant
toute exception.

En foi de quoi ont signé :

> Félix Baciocchi,
> J. Bonaparte, ministre plénipotentiaire,
> Bonaparte, général en chef,
> Ramolino Bonaparte,
> Elisa Marianne Baciocchi,
> Louis Bonaparte, adjudant-major.

Milan, le 18 prairial, an V de la République française.

Le présent acte a été par moi délivré pour être
copié sur mes minutes avec faculté d'en fournir des
doubles aux intéressés.

En foi de quoi ont signé :

M. Charles Boniface Reyna, notaire du collège
de Milan.

Ainsi originellement écrit dans mes relevés et
pour copie conforme, Milan, le 10 septembre mil
huit cent seize, Charles Boniface Reyna, notaire de
Milan, fils de feu Jacques Antoine, antérieurement
notaire à Milan, habitant la rue Sainte-Radegonde,
au n° 991.

XI

Mariage religieux d'Élisa

(14 juin 1797)

Paroisse de Bovisio (province de Milan).

Mille sette cento novantasette oggi quattordeci del mese di giugno alle tre ore di notte all'Itagliana.

Per accordata dispensa a petizione del cittadino generale in capo dell'armata d'Itaglia Buonaparte dal cittadino arcivescovo di Milano Filippo Visconti dai soliti proclami con facoltà pure di contrarre matrimonio alla sera ed anche in qualsivoglia oratorio privato come da littera che si conserva dell'arcivescovo del suddetto giorno quattordeci, io sottoscritto Parrocco in prima ho ricevuto dagli sposi infrascritti il giuramento di Libertà matrimoniale, e stato quindi celebrato il matrimonio per parole di presente frà il cittadino Felice Baciocchi figlio del fu Francesco, et della fu cittadina Flaminia Benieli della citta d'Ajaccio in Corsica e la

cittadina Mari-Anna Buonaparte sorella del suddetto generale in capo e figlia del fu Carlo morto
in Monpellier in Francia, e figlia della cittadina
Lætizia Ramolino nata nella citta d'Ajaccio in Corsica na nel quartiere generale di Mombello sotto la
Parrocchia di Bovisio e stato dico celebrato il matrimonio nell'oratorio di S. Francesco in Mombello
suddetto alla presenza ad alle interogazioni di me
curato sottoscritto come comanda il sagro conciglio
di Trento. Sono stati presenti per testimonij a tal
effetto chiamati il cittadino Giuseppe Fesch figlio
del fu Francesco d'Ajaccio suddetto, ed il cittadino
Nicolaï Le Cler figlio del fu Paolo di Pontisara sud-
detta, ed il mio sagrista Giovani Antonio Bianchi
figlio del fu Giuseppe di Bovisio, Ed in fede :

Prete Giuseppe Maria Brioschi, curato di Bovisio.

(Registre manuscrit n° 8, Libro dei matrimonii
(1708-1799).

(Page dudit : 149). Cet acte copié par l'auteur le
28 septembre 1894 à la cure de Bovisio était, comme
le précédent et tant d'autres documents du présent livre, absolument inconnu des historiens jusqu'ici.

XII

Au citoyen André Baciocchi, à Ajaccio.

Paris 18 vendémiaire [1].

Je suis de retour d'Espagne, mon cher oncle, depuis quatre jours ayant été porteur de la paix du Portugal. Je n'ai pas trouvé mon épouse en bonne santé, les eaux de Barèges lui étaient contraires, les médecins qu'elle a consultés à Montpellier, lui ont conseillé de ne prendre pour toute nourriture que du lait de chèvre, et depuis qu'elle en fait usage, elle s'en trouve mieux. Elle m'a fait part de la lettre que vous lui avez écrite dans son temps.

J'ai écrit à Ramolino et à mon beau-frère Rossi de faire tout ce qui était juste et raisonnable, j'espère qu'ils vous en auront fait part; je serais fâché de faire de la peine à des oncles que j'aime; je m'imagine que vous serez tous les quatre rendus auprès d'une mère respectable à qui je vous prie

---

1. Il s'agit ici du 18 vendémiaire *an* X (10 oct. 1801), la paix ayant été signée à Madrid, le 29 septembre 1801.

de dire bien des choses de ma part, ainsi qu'à vos sœurs, je vous embrasse et suis,

Votre affectionné neveu,

FÉLIX BACIOCCHI.

(Communiqué en 1894 par M. André Baciocchi d'Ajaccio, petit-fils du destinataire.)

XII (bis)

Recommandation en faveur de Fontanes [1].

Lucques, 14 mai 1806.

SIRE,

Votre président du Corps législatif a terminé ses fonctions. Il a mis dans cette place la dignité et le langage qui conviennent aux grandes autorités de votre règne.

1. Cette lettre est produite ici à titre de spécimen et à l'appui de l'assertion, qu'Elise fut la protectrice de Fontanes.

. de Fontanes fut persécuté jusqu'au 18 bru-
ı   e ; il n'oubliera jamais, Sire, qu'il doit le terme
d ses malheurs à votre dynastie ; il la servira avec
le talent, l'honneur et la fidélité qui sont l'apanage
de son caractère. Quelle que soit l'importance des
fonctions que Votre Majesté lui conférera, il saura
les entourer de cet éclat qui convient à la majesté
de votre trône, et je m'applaudis d'avoir garanti ses
premiers essais. Sa conduite justifiera encore mieux
vos nouvelles bontés et la confiance que je réclame
pour lui.

Elisa[1].

1. Arch. nat. AFiv, 1716, n° 65.

TABLE DES MATIÈRES

LIVRE II

(JUIN 1798 A MAI 1804.)

SOUS LE CONSULAT

CHAPITRE III

CHAPITRE IV

Paris. — L. MARETHEUX, imprimeur, 1, rue Cassette.